CONTATTI

Per Info o sedute contattare:
+39 340 8432519
mail: **paolavkg@gmail.com**

skype session: **paolavk**
Sedute presso studio medico - Monza

You tube videos: paolavk paola giardini
FB: paola von korsich Giardini

Impaginazione grafica:
Simona Mariani | sigivisual@gmail.com

PAOLA VON KORSICH GIARDINI

IPNOSI e MINDFULNESS

il Pensiero che Cura e Guarisce

Come risolvere velocemente traumi, fobie, ossessioni, attacchi di panico, relazioni tossiche, compulsioni anche alimentari e migliorare autostima e comunicazione con il pensiero e la consapevolezza.

SINOSSI

Questo saggio ci permette di scoprire aspetti e potenzialità terapeutiche del nostro pensiero basate su tecniche prevalentemente moderne americane, utili ad identificare capacità individuali spesso sconosciute ed inconcepibili al nostro lato razionale.

Percezioni, emozioni ed esperienze positive, possono essere utilizzate come risorse personali inconsce a cui attingere per poter stare bene, rimuovendo traumi, vissuti dolorosi o spiacevoli in poche sedute.

La vita frenetica, i problemi famigliari, relazionali e lavorativi, vengono facilmente individuati e risolti utilizzando nuovi metodi comunicativi, innanzitutto con se stessi, migliorando il proprio monologo interiore, in seguito con gli altri diventando più assertivi e mettendo in atto modalità comportamentali differenti.

L' autore parla di una nuova concezione di ipnosi intesa come un:

"...abbandonarsi al nostro io più profondo e più vero, per uscirne rigenerati e permeati da un'intensa sensazione di benessere. Lo stress, le tensioni ed i pensieri negativi svaniscono.

Tutto ciò a cui ci aggrappiamo ci trattiene, abbandoniamoci invece alla nostra essenza più profonda per lasciare andare il controllo, trovando spesso soluzioni ed intuizioni inaspettate, in uno stato di rilassante e piacevole consapevolezza, riemergendo come persone migliori".

Inoltre, utilizzando la Mindfulness impariamo a pensare e a percepire la realtà in modo nuovo, gestendo lo stress, evitando di somatizzarlo a livello psicofisico, così come superando i problemi, le difficoltà relative ai cambiamenti, le relazioni tossiche, diventando i protagonisti e non le vittime della nostra esistenza, ottimizzando i nostri punti di forza semplicemente con la consapevolezza.

A Giovanni

INTRODUZIONE

*"...quando raggiungiamo uno stato profondo
di rilassamento, così profondo da non percepire
più il nostro corpo, siamo lì in quel luogo, tutte
le nostre paure svaniscono, nascono nuove idee,
i miracoli accadono e avviene la guarigione..."*
Milton Erickson

Nell'immaginario collettivo il concetto di ipnosi é ancora poco chiaro e confuso: per alcuni è sinonimo di esoterismo e magia, per altri implica l'idea di una perdita di controllo della propria volontà, tanto da essere identificato con l'ipnosi da palcoscenico, quella in cui il paziente é vittima di qualche subdolo raggiro o viene derubato.

In realtà il presupposto dell'ipnosi è quello di una collaborazione seria tra terapeuta e paziente, volta alla soluzione di un problema, identificato prima dell'inizio della seduta. Si tratta di una terapia a breve termine, che normalmente porta ad una guarigione completa in poche sedute.

L' ipnotista diventa un supporto fidato, legato da segreto professionale, una figura di riferimento che tiene metaforicamente per mano il paziente, aiutandolo ad avventurarsi in modo sicuro nei meandri della propria mente inconscia, per affrontare demoni o paure, oppure per conoscere meglio sé stesso, diventando maggiormente consapevole delle proprie capacità, migliorando le proprie performances, acquisendo sicurezza e autostima.

Spesso si sciolgono anche blocchi relazionali causati da una comunicazione erronea.

Con una guida capace possiamo abbandonarci al nostro io più profondo semplicemente per raggiungere la consapevolezza, la serenità interiore in un luogo esclusivamente nostro, di tranquillità e pace.

Il terapeuta è una figura di riferimento fidata che, metaforicamente, tiene per mano il paziente aiutandolo ad addentrarsi nei meandri della sua misteriosa mente inconscia, per risolvere le sue ossessioni, traumi pregressi e paure, sconfiggendoli per sempre.

In seconda istanza possiamo decidere di esplorare la nostra dimensione inconscia spinti da un senso di avventura o di sfida personale per raggiungere una maggiore consapevolezza, per diventare più abili nell'individuare e gestire le nostre capacità, i nostri punti di forza, migliorando la nostra comunicazione sia nella sfera professionale, sia in quella personale.

Utilizzando alcune tecniche e diventandone padroni, non riusciamo solo a raggiungere una maggiore auto-consapevolezza ma possiamo anche migliorare le nostre prestazioni ottenendo sia una maggiore autostima, sia una mente intuitiva e positiva radicata nell'ottimismo e fondata su sensazioni di sicurezza interiore.

Ne consegue che i blocchi comunicativi e gli equivoci svaniscono, creando relazioni fondate sulla comprensione e sull'accordo.

Seguendo una guida fidata possiamo raggiungere il nostro "io" più profondo semplicemente raggiungendo la consapevolezza, l'equilibrio interiore e la serenità.

Il fascino misterioso dell'ipnosi consiste nell'abbandonarci al nostro io più profondo e vero per uscirne rigenerati, allentando ogni stress e tensione, fino a farli svanire. In tutto questo c'è una sorta di rinascita emotiva e psicologica che ci permette di trovare noi stessi. Tutto ciò a cui ci aggrappiamo ci trattiene, scendiamo invece in profondità, nella nostra essenza per allentare il controllo, lasciandoci andare.

Molto spesso in questo processo sviluppiamo maggiormente la nostra intuizione o troviamo soluzioni inaspettate che la ragione non concepiva.

Questo viaggio interiore sviluppa uno stato di profondo benessere psicofisico.

Che cosa si intende quindi per ipnosi?

Tutto ciò che contribuisce a creare uno stato di trance. Per essere più precisi si tratta di un fenomeno naturale della nostra mente

che ha luogo ogni volta che osserviamo qualcosa di bello quale un paesaggio naturale, un'opera d'arte, o più semplicemente, quando ci innamoriamo.

Abbiamo una magica sensazione di sospensione temporale mentre viviamo in una dimensione irreale e fantastica, sentendoci improvvisamente rapiti e affascinati.

Così sperimentiamo uno stato profondo di benessere psico-emotivo, che vorremmo fosse senza fine.

Anche la percezione emotiva di un ricordo passato, può essere definita come ipnotica.

Un esempio classico a supporto di questa affermazione è la descrizione della "Madeleine" di Proust nella "Recherche du temps perdu".

A livello puramente sensoriale riusciamo a ricreare la magia di un momento, anche se molto remoto, utilizzando i nostri sensi, gusto, tatto, vista, udito, per ricrearlo a nostro beneficio nel presente.

Possiamo quindi affermare che una percezione può innescare un'emozione, anche se solo per associazione, rievocando un ricordo sia positivo che negativo.

Quando la nostra mente viene colpita da un'immagine, da suoni o emozioni, crea delle associazioni collegate alle nostre percezioni e le rielabora utilizzando le immagini proprio come un computer o uno schermo televisivo.

Secondo James Borg, psicologo del lavoro, specializzato in comunicazione interpersonale, "...abbiamo mediamente 60.000 pensieri al giorno". Quanti tra loro sono interconnessi, associati o ripetuti?

Quanto spesso ci areniamo in un impasse mentale senza riuscire a trovare una via d'uscita o un'alternativa valida?

La filosofia orientale ci insegna a calmare la mente e a prendere le distanze dalle emozioni prima di prendere una decisione. Ciò che l'occhio vede, la mente crede, ma quanto spesso può la percezione essere ingannevole? Quanto spesso possiamo fidarci della nostra intuizione invece?

È stato dimostrato da recenti studi americani, che ci formiamo una prima impressione della persona che abbiamo di fronte, nei primi attimi del nostro incontro. Si tratta di un'intuizione interiore importante che delinea delle informazioni riguardo la medesima, per esempio fiducia o sospetto, sincerità piuttosto che propensione all'inganno.

A volte è una sorta di campanello d'allarme che ci induce alla cautela senza che ne conosciamo il motivo reale, quindi siamo propensi a valutare maggiormente ciò che ci dice o ci propone.

In PNL si parla di "micro facce" o micro-espressioni, quei secondi in cui, un repentino mutamento di sguardo o atteggiamento, ci lascia presagire uno scenario ben diverso da quello antecedentemente dipinto dal nostro interlocutore.

A livello ancestrale penso avessimo un'intuizione particolarmente sviluppata, oltre ad un'ottima percezione dell'attrazione, entrambi fondamentali per la sopravvivenza della specie umana e lo sviluppo della medesima. Inoltre questo meccanismo implicava una motivazione difensiva per renderci in grado di individuare qualsiasi pericolo in tempo.

Lo psicologo ed antropologo americano **John Bolby**, aveva ampiamente identificato parallelismi comportamentali tra esseri umani ed animali in situazioni quali ad esempio la gelosia, inconsciamente rivolta verso la protezione dei cuccioli e del nucleo familiare.

Inoltre, anche l'automatismo **fight or fly**, ovvero **combatti o fuggi**, è motivato da una reazione ad una minaccia improvvisa, sia per gli animali che per la razza umana. Si tratta di un meccanismo immediato che ci porta a fuggire quando in pericolo o ad attaccare a volte uccidendo. Nel regno animale è normale la lotta continua tra predatori e prede volta alla sopravvivenza della specie, ma avviene anche e da sempre, per gli uomini. Gli animali sono in grado di percepire i terremoti, la presenza di ladri o minacce esterne molto prima dell'uomo, mostrandosi agitati, aggressivi senza motivo evidente, molto tempo prima che l'evento abbia luogo.

Ci può capitare la stessa cosa quando percepiamo che qualcosa, senza sapere cosa, stia per accadere.

Apparentemente non c'è alcuna spiegazione logica o razionale forse, a volte un presagio, una sensazione negativa, altre solo un'intuizione, oppure sentiamo telepaticamente che qualcuno ci stia pensando e poi ci chiama o lo incontriamo per caso.

Sfortunatamente per ora non ci è dato di sapere o avere una spiegazione logica, possiamo solo supporre che sia il nostro inconscio ad avere delle potenzialità/capacità a noi ancora sconosciute.

Di fatto è provato a livello medico/scientifico che non utilizziamo più del 30 o 40% delle nostre capacità razionali, fatta eccezione per gli studi recenti sulle neuroscienze.

Possiamo di conseguenza affermare che ciò che definiamo come razionale non sia altro che la punta di un iceberg che emerge da una sconosciuta ed oscura dimensione sotterranea.

Razionalità
30%
40%

DNA
ambiente
studi
carattere
resilienza
amici

Inconscio

IPNOSI E INCONSCIO

Si dice che "ciò che l'occhio vede la mente crede". Di conseguenza siamo tutti maestri, o meglio vittime, dell'autoinganno. Di conseguenza possiamo affermare che ognuno di noi abbia una percezione di se stesso legata ad un'esperienza di vita differente dagli altri e dalla percezione che gli altri hanno riguardo a noi.

Ad esempio, difficilmente ci riteniamo soddisfatti quando fotografati o ripresi in un video, spesso non ci riconosciamo per quello che pensiamo di essere e la nostra voce può sembrarci diversa.

Il singolo individuo è perciò il risultato di una combinazione di variabili che includono un'esperienza soggettiva filtrata dal punto di vista percettivo sulla vita molto personale, in una complessità di conflitti ed interazioni consci ed inconsci.

È stato evidenziato che gran parte della vita mentale di ognuno di noi sia inconscia, che la medesima sia influenzata da dati socio-ambientali e, di conseguenza, che questi ultimi siano in grado di influenzare a loro volta automatismi comportamentali ed opinioni. Nascere in Africa piuttosto che in Giappone o in Europa, in una famiglia piuttosto che in un'altra, ricca o povera che sia, implica un punto di partenza completamente differente. Gli studi, le amicizie, le esperienze di vita positive o negative, plasmano il nostro vissuto in modo preponderante. L'individuo resta quindi un'integrazione di variabili che includono un'esperienza soggettiva, filtrata da un proprio vissuto percettivo, in un insieme di conflitti consci ed inconsci, di interazioni con gli altri, oltre ad un proprio background culturale, sociale, religioso, fatto di credenze ed anche di caratteristiche fisiche e di DNA.

In base a studi recenti, lo psichiatra Norman Doidge afferma: "...il pensiero cambia la struttura.
Ho visto persone ricucire il loro cervello con i loro pensieri, per curare traumi e ossessioni precedentemente incurabili". La mente umana, a quanto pare, sarebbe straordinariamente malleabile e può essere modellata positivamente, con un pò di tempo e dedizione.
Negli ultimi 20 anni, grazie al rapido sviluppo nel campo delle neuroscienze e del **brain imaging**, si è scoperto come si possano effettuare cambiamenti duraturi modificando il modo di pensare di una persona, grazie alla neuroplasticità del cervello che ci permette quindi di acquisire nuove abilità e disimparare comportamenti, credenze ed abitudini nocive. Secondo lo scienziato Alex Korb, la neuro-plasticità può essere anche utilizzata per invertire il corso della depressione in alcuni casi.

A volte il modo in cui gestiamo lo stress, pianificando inconsciamente un modo particolare di pensare, causa un'interazione dinamica involutiva.

Noi siamo quindi ciò che pensiamo e ci nutriamo dei nostri stessi pensieri, filtrati dalle nostre percezioni, per rafforzarli maggiormente.
Cambiare il modo in cui pensiamo significa cambiare la realtà per come la percepiamo, recidere relazioni tossiche, smettere di frequentare persone negative o di sentirci vittime di situazioni che in realtà possiamo cambiare.

La ricerca ha ripetutamente dimostrato che la meditazione, in ogni sua forma, è lo strumento più potente ed efficace per combattere la negatività invertendo le dinamiche negative in positive.

Riassumendo:

- L' ipnosi può controllare e ridurre lo stress, l'ansia risolvere gli attacchi di panico, per permetterci di raggiungere un profondo e rapido rilassamento mentale, fisico ed emotivo, può anche trattare e risolvere problemi di insonnia.

- Può aiutarci a sviluppare l'intuizione e la creatività e ad avere una mente più lucida ed una maggiore concentrazione.

- Può essere utilizzata per fini professionali, migliorando l'autostima, incrementando la motivazione, l'ottimismo e la positività. Dopo una seduta di ipnosi ci sentiamo rilassati e pieni di energie pronti a ricominciare. Anche la comunicazione ne trae beneficio, sia per fini professionali, sia personali.

- È utilizzata come metodo per conoscere profondamente se stessi, per trarne serenità, equilibrio e consapevolezza.

- Possiamo modificare le nostre abitudini mentali in altre più salutari imparando ad amare noi stessi e a prenderci cura di del nostro bambino interiore come punto di partenza di una nuova vita.

- Con queste premesse qualsiasi performance, sia sportiva, sia lavorativa, automaticamente migliora.

- Anche la comunicazione risulta chiara, assertiva, positiva e propositiva eliminando fraintendimenti ed incomprensioni.

- Possiamo modellare e rimodellare la persona che siamo in base alle nostre necessità e al nostro benessere.

LE ORIGINI: L'INCONSCIO

"L' ipnosi inizia nel momento in cui ci rendiamo
conto che esiste la mente inconscia"
Milton Erickson

A livello filologico il termine "ipnosi" deriva dal **greco Hypnos**, identificato mitologicamente con il Dio del sonno, la cui immagine era rappresentata da un serpente avvolto a spirale intorno ad un bastone, ad oggi il simbolo della medicina.

Nei tempi antichi esistevano anche i templi del sonno, dedicati a **Asclepio/ Esculapio**, il Dio della medicina. Da sempre infatti il sonno è ristoratore e curativo in quanto ripristina i benefici del ritmo circadiano sia a livello fisico, sia mentale e rielabora pensieri ed emozioni spesso aiutandoci a stare meglio.

Di fatto, si credeva avesse poteri sia terapeutici sia divinatori, collegati ai sogni e alla loro interpretazione. Anche gli Egizi avevano templi del sonno dedicati al Dio del sonno e alle sue capacità taumaturgiche e divinatorie.

Freud (1915) non fu perciò il primo ad ipotizzare l'esistenza di una dimensione più profonda, ma fu indubbiamente il primo ad identificare una dimensione inconscia importante a diversi livelli: un preconscio e l'inconscio vero e proprio, i cui contenuti vengono censurati, rimossi, spostati, quando inaccettabili per la coscienza. Si convinse dell'esistenza dell'inconscio attraverso due importanti prove cliniche: i sogni e le paraprassie, ovvero i lapsus.

Nell' "**Interpretazione dei sogni**" (1899) ipotizzò che l'attività onirica mascherasse pulsioni e desideri portati alla luce dal sogno stesso.

In "**Psicopatologia della vita quotidiana**" emersero i lapsus come azioni accidentali dell'inconscio che possono portare alla luce, in modo inconsapevole, frammenti di desideri e pensieri inconsci anche nel linguaggio conscio.

Sogni e lapsus vennero utilizzati da Freud per dimostrare l'irrompere di desideri rimossi nel flusso della coscienza mettendo in luce frammenti emersi dall'inconscio nel linguaggio cosciente, rendendo così evidente il parallelismo tra i processi mentali della dimensione quotidiana ed inconscia.

La moderna psichiatria a orientamento dinamico ("psichiatria psicodinamica" DDSM5 – Glen O' Gabbard)

considera:

"i sintomi ed il comportamento come riflessi di processi inconsci che ci difendono da desideri e dispiaceri rimossi, proprio come il masso protegge e nasconde i contenuti della caverna."

Sapere o ricordare ciò che è stato rimosso in profondità, può essere troppo doloroso, è molto meglio infatti dimenticarlo, rimuoverlo, o fingere non sia mai esistito.

"**Soprattutto, i sogni e le paraprassie** sono come i graffiti sulle pareti della caverna, comunicazioni, simboliche o meno, che nel presente trasmettono messaggi di un passato dimenticato".

Il terapeuta necessita quindi di trovare un modo per spostare metaforicamente, "il masso", quindi il blocco psicologico, per entrare in seguito nella grotta ed illuminarla. L' ipnosi può essere un modo affidabile per cercare di identificare il problema che si trova in profondità, trovare un nesso tra ciò che è accaduto, ovvero l'evento traumatico o doloroso ed il sintomo. Di fatto, per poter curare il presente dobbiamo capirne le cause ed eliminarle in modo indolore, aiutando il paziente in trance ad allontanare emotivamente le conseguenze dell'evento traumatico che lo fa ancora star male.

Uso spesso una metafora che identifica molto bene la ipnoterapia:

se siete morsi da una vipera, cosa vi fa stare male o può rendere letale la situazione? Il morso stesso o il veleno iniettato? Il morso fa male al momento e può lasciarvi un segno, il veleno, in assenza di assistenza medica, può uccidervi.

Il veleno rappresenta il malessere/sintomo che a distanza di tempo nuoce ancora, spesso peggiorando nel tempo. Con l'ipnosi non si elimina il morso, ovvero il fatto, ma si vanificano le conseguenze emotive negative e dolorose del medesimo nel presente.

Un'altra importante modalità attraverso la quale l'inconscio si manifesta nel setting clinico è il comportamento non verbale del paziente verso il terapeuta, da cui la codificazione del body language attuata dalla PNL moderna.
Il nostro corpo infatti, comunica moltissime informazioni alle persone di fronte a noi quali: stato d'ani-

mo, sentimenti, interesse o noia, irritabilità, disagio, fiducia piuttosto che sfiducia, senza alcun bisogno di parlare. A volte invece, lo fa in netta contrapposizione con quanto stiamo affermando. Ad esempio, posso verbalmente accettare una situazione mentre la mia testa la nega. Ne consegue quindi, un messaggio contraddittorio o poco veritiero.

Quando ci troviamo in situazioni simili è molto meglio seguire le nostre intuizioni ed il nostro istinto, piuttosto che ascoltare le parole del nostro interlocutore.

COMFORT ZONE e CAMBIAMENTO

*"Se non ti piace la situazione in cui ti trovi,
cambiala, non sei un albero"*
Richard Bandler

Oggi il termine "**comfort zone**" (zona di comfort) è comunemente usato per indicare il **safe place**, ovvero un luogo sicuro, il nostro rifugio, che abbiamo creato passo dopo passo, anno dopo anno, che coinvolge il nostro modo di vivere, pensare, i nostri gusti, colori, libri, arredamento facendoci sentire a casa.

Indica anche il luogo in cui ci comportiamo liberamente, siamo a nostro agio, pensiamo oppure entriamo in contatto con il nostro ambiente, amici, familiari, animali domestici, quindi con noi stessi, rendendolo un posto unico e speciale.

Diventa anche la miglior proiezione dei nostri sogni che abbiamo fatto avverare con i nostri sacrifici e i nostri sforzi.
È al tempo stesso il nostro punto di forza, ma anche il nostro punto debole, un luogo di cui crediamo di avere il controllo. Senza dubbio è una certezza che si oppone al timore di una perdita di controllo, resistendo ai cambiamenti che ci vengono imposti, lot-

tando per ottenere ciò che più desideriamo.

Il vero cardine di questa situazione è il chiaro tentativo di esercitare il nostro controllo su ciò che è completamente imprevedibile o inaspettato, ovvero la vita.

La vita può essere metaforicamente paragonabile al mare, a volte calmo e tranquillo, altre romantico al tramonto, altre ancora in burrasca ed estremamente pericoloso, fondamentalmente in base ai venti, al tempo e alle correnti.

Qualsiasi cosa accada sulla terra è volubile ed imprevedibile come il vento ed un mare in tempesta.

Parlando in generale, pensiamo ad esempio alle catastrofi naturali di ogni tipo, alle guerre, alle crisi politiche o finanziarie, alle separazioni o alle malattie, al covid che ha completamente minato ogni nostra certezza, rendendo la nostra realtà irreale, sovvertendo ogni forma di controllo, ogni socialità, arrivando perfino ad introdurre un coprifuoco.

La paura ha iniziato ad insinuarsi nelle nostre vite e ha minato ogni certezza ogni sicurezza.

Da un punto di vista individuale, viviamo come se la morte non esistesse o fosse il problema di qualcun altro, possiamo dire la stessa cosa riguardo le malattie, la salute, gli incidenti, le crisi, o le sconfitte, ma anche il successo, gli incontri inaspettati, l'amore e la fortuna. La vita sembra qualcosa che accade agli altri mentre noi siamo troppo impegnati.

La maggior parte degli eventi che avvengono nelle nostre esistenze sono inaspettati, non ci lasciano il tempo per prepararci.

L'unica cosa che cambia è come reagiamo ai medesimi. Pensiamo di non aver alcuna responsabilità in ciò che subiamo, ma di fatto siamo responsabili per come ne veniamo a patti, come li affrontiamo, o ciò che facciamo in seguito, quando reagiamo.

Siamo così influenzati dalle nostre certezze mentre dovremmo invece cercare di capire che ci sono centinaia, migliaia realtà diverse, abitudini, modi di pensare e stili di vita.

Il cambiamento, in qualsiasi sua accezione negativa, è percepito come una minaccia, una tempesta che mina la nostra vita ed equilibrio, rendendo la nostra realtà irreale, comunque facendocela percepire come pericolosa.

Molti preferiscono una routine insoddisfacente o sgradevole a un cambiamento. È ciò che definisco come "l'inferno quotidiano", che a volte sembra più sicuro di una vita imprevedibile ancora da definire, che terrorizza profondamente.

Alcuni sopportano un lavoro insopportabile, circondati da persone sgradevoli e frustrate, diventando le vittime di mobbing, di umiliazioni e maltrattamenti fino ad ammalarsi, somatizzando questo stress a livello psico-fisico piuttosto che cambiare.

Nel quadro migliore che mi viene dipinto da molti dirigenti con cui ho collaborato, emerge uno scenario in cui non amano ciò che fanno, si sentono insoddisfatti indipendentemente dal loro stipendio altamente remunerativo e dagli extra bonus.
Nel momento in cui si chiede loro perché non lo cambino, rispondono ingenuamente:
"Ho una famiglia." Perchè gli altri no?

Altre/i sopportano mariti o compagni che le tradiscono, umiliano verbalmente, picchiano, ma una volta accettata una relazione tossica non riescono più a liberarsene, si danno mille scuse per non dover lasciare o cambiare.

Studi recenti hanno evidenziato che ciò che fa la differenza tra chi decide di rimanere e chi di andarsene, è solo un tratto del carattere, un'inclinazione al rischio.

Ogni volta che corriamo un rischio, mettiamo in pericolo il nostro equilibrio interiore e/o economico per crearne uno nuovo.

Alcuni sentono il bisogno di arrivare al limite della loro sopportazione psicologica prima di apportare un cambiamento alla loro esistenza, prima di prendere una decisione finale affermando di averne abbastanza. C'è sempre un momento prima della fine in cui ci rendiamo conto di essere al limite estremo, ma alcuni sperano ancora che avvenga un miracolo. Credo che, nell'imprevedibilità delle circostanze, l'unico vero cambiamento che possiamo iniziare ad apportare sia dentro di noi, nel nostro modo di vedere, sentire, pensare e quindi comportarci e parlare. Se siamo noi a cambiare per primi, a smettere di fare le vittime, la realtà circostante, nello specifico, le persone intorno a noi, necessariamente cambiano trovandosi spiazzate da comportamenti e risposte che non si aspettano.

Molte **relazioni tossiche** affondano le loro radici nella figura della vittima ed in quella del suo "carnefice", in un gioco delle parti che spesso finisce male. Ci sono donne, ma anche uomini, che accettano l'inverosimile dichiarandosi innamorati.

Se ami te stessa/o non permetti ad un' altra persona di trattarti male, fisicamente o verbalmente, di umiliarti, di aspettare ore o giorni davanti ad un telefono che non squilla.

Ci sono persone egocentriche, narcisiste, egoiste che sfruttano i punti deboli delle altre. Prima le corteggiano, si mostrano infatuati, ammirati per poi improvvisamente sparire.

Si chiama "**ghosting**"(sparizione), per chi lo subisce è devastante, in quanto non si trova una spiegazione logica ad un comportamento assurdo che nasconde una personalità disturbata, o un'altra donna, una moglie consenziente di fronte alle scappatelle del marito per paura di perderlo. Di fatto abbiamo a che fare con una persona che usa gli altri a suo piacimento, per gioco, oppure in quanto sono loro stesse a permettergli di farlo, facendo leva sul loro punto debole: la paura di essere abbandonate.

Una persona matura o educata invece, parla e fornisce una spiegazione, instaura un dialogo costruttivo, è empatica, cerca comunque una possibile soluzione.

Si possono mettere in atto delle contromisure prima di cadere completamente vittime di questi personaggi. La prima è amare se stessi e ritenere di meritare il meglio e non il peggio. Imparare a dire basta smettendo di rispondere al telefono, anche se costa un grande sforzo, bloccarle su whatsapp in modo da non venire più contattati è già una strategia vincente con se stessi. Significa smettere di sperare invano e tirarsi fuori da una dipendenza psicologica, emotiva ed affettiva. Al tempo stesso spiazziamo l'altro, facendogli capire che ne abbiamo abbastanza e che quello che ha messo in atto è nuovamente un comportamento erroneo e svilente.

Denunciare, se necessario, comportamenti violenti o persecutori, chiedere un' ordinanza restrittiva in casi estremi o procedere legalmente contro il molestatore.

Aspettare e sperare che il tempo cambi le cose, se non siete voi per primi a cambiare il vostro atteggiamento vittimistico, è spesso inutile.

Una porta definitivamente chiusa ed il fatto che altri siano a conoscenza della situazione, è un modo per scoraggiare il persecutore.

Non esistono ricette magiche, ma un sano buon senso. Prima vi rendete conto di essere caduti nella "trappola" di un narcisista manipolatore, prima siete voi a concludere la frequentazione o relazione, meglio è. Il tempo gioca a vostro favore. Imparate ad osservare e notare da subito i dettagli in silenzio, a mettere in atto strategie alternative, a fare domande apparentemente innocenti, a notare sbalzi d'umore repentini ed immotivati, mantenete inizialmente il più possibile un distacco emotivo pensando che in fondo non conoscete affatto quella persona.

Nel caso in cui notiate atteggiamenti manipolatori, o modi di fare ambigui, per quanto siate coinvolte, lasciate andare, siete sempre in tempo a ricredervi.

L'unica cosa che spiazza veramente un manipolatore, è quello di non cedere ai suoi ricatti, alle sue false aspettative, ai sensi di colpa che vi rovescia addosso. Le frasi ricorrenti sono:

"Faccio quello che voglio..." (ma non era una coppia?)

"È colpa tua se mi trovo in questa situazione"

"Mi stai rovinando la vita..."

"Avresti dovuto...e non l'hai fatto" (tipico delle aspettative frustrate per colpa vostra...o loro?)

"Se non fai questo..." (seguono i ricatti)

"Non ne voglio parlare..." (rifiuto del dialogo)

Continuo svilimento dell'altro, rendendolo colpevole di ogni situazione, minacciandolo, facendolo stare male...*siamo noi i responsabili delle nostre aspettative proiettate sugli altri, non loro, noi siamo sempre i responsabili di ciò che diciamo, gli altri di ciò che capiscono o desiderano capire. In una comunicazione chiara, se ci raccontiamo per ciò che siamo non possiamo dar luogo a fraintendimenti.* Nel momento in cui in una relazione o amicizia non ci sia reciprocità, o non seguano i fatti, anzi la manipolazione volontaria di ciò che abbiamo affermato, ci troviamo di fronte ad un'ambiguità che può essere solo fonte di problemi.

Avviate quindi una procedura inversa, staccatevi, rifiutatevi di addossarvi colpe che non vi appartengono o di essere vittime di false aspettative.
Loro sono il problema, voi la scusa che attribuiscono ad un loro problema. La scusa è sempre esterna.
Mostratevi indifferenti, createvi un'altra esistenza, altre amicizie, altri interessi, in quanto loro non sono più il centro del vostro mondo.
I rapporti affettivi, sentimentali e di amicizia, per essere sani devono essere reciproci, fondati su stima, rispetto e dialogo.
Nonostante punti di vista diversi, senza il rispetto di base, non vi può essere nulla.

STRESS

"La nostra mente può guarirci o farci ammalare"
dott. Umberto Veronesi

Una delle conseguenze più probabili della sopportazione delle situazioni descritte precedentemente, è lo stress.

Uno stress non risolto crea un' elevata tensione a livello della nostra salute mentale. Può aumentare o diminuire in base alla risposta individuale alla situazione. È sempre e comunque molto personale, essendo percepito in in modo diverso da chi ne è coinvolto.

Sembra che alcuni riescano a gestire i loro stressors (agenti stressanti) meglio di altri avendo un'elevata resilienza, cioè sopportazione dello stress.

Quando consideriamo lo stress dovremmo pensare che possa essere una minaccia per il nostro organismo, sia fisica, sia emotiva o entrambi.

A volte ci sembra solo apparentemente di poterlo gestire quando invece tendiamo a somatizzarlo, a somatizzare le conseguenze sul nostro corpo iniziando a soffrire di mal di testa, mal di schiena, di stomaco, (reflusso nel tempo), sindrome del colon irritabile, oppure avere delle difese immunitarie basse e quindi

soffrire di frequenti infezioni. Altre volte invece, possiamo soffrire di stanchezza cronica, insonnia,tensione muscolare, irritabilità, alta pressione o rash cutanei.
Le persone che volano spesso possono far fatica a recuperare il jet lag. Una mancanza di sonno adeguato, di media 7/8 ore, può squilibrare il nostro ritmo circadiano causando problemi fisici di altra natura.

I sintomi più comuni dati dallo stress possono avere anche delle ripercussioni sulla nostra salute mentale, dalla depressione, alla mancanza di concentrazione e scarsa memoria.
Possono sorgere anche molti problemi legati alla sfera emotiva quali: oscillazioni dell'umore, iperreattività, sentirsi apatici ed inclini a cadere in depressione, un cambiamento delle abitudini quali, bere in eccesso (l'alcool è un forte sedativo e anestetizzante delle emozioni) oppure alimentari.
I problemi alimentari nello specifico sono in stretta correlazione con l'affettività, le cui conseguenze rientrano nell'anoressia e bulimia (il cibo come elemento compensativo di un' affettività mancata o sofferta).

Conseguentemente sentirsi **burnout** è abbastanza comune quando siamo esausti a causa di uno stress cronico non risolto.

L'amigdala è una struttura del cervello a forma di mandorla, che si trova vicino all'ippocampo nella porzione frontale del lobo temporale. È incaricata del **meccanismo attacco/fuga**, sovrintende le emozioni collegate a qualsiasi situazione generando una risposta immediata. Ne consegue che allerta l'ipotalamo e prepara il nostro corpo per una reazione, stimolando gli ormoni, così possiamo conseguentemente avere un aumento dei battiti cardiaci oppure un rialzo pressorio anche rilevante. Di conseguenza viene rilasciata l'adrenalina, responsabile della tachicardia, respiro affannoso, e battito cardiaco accelerato. Uno stress cronico può causare problemi fisici cronici da somatizzazione e può anche mettere a rischio la nostra salute.

Ci sono comunque delle strategie fondamentali per gestire lo stress che si basano su uno stile di vita sano. È di grande importanza concentrarsi sull'alimentazione, quindi avere delle abitudini alimentari ottimali, praticare uno sport o fare regolarmente ginnastica, dormire un numero sufficiente di ore per migliorare la nostra tolleranza allo stress.

Inoltre è anche importante concentrarci su ciò che si può cambiare piuttosto che su quello che non si può.

Riguardo le emozioni dovremmo cercare di concentrarci su ciò che possiamo modificare e, usando un monologo interiore positivo, aumentare così la nostra autostima e sicurezza interiore, cercando di non sentirci vittimizzati dagli altri o dalle circostanze della vita. Questo atteggiamento è in grado di potenziare la nostra forza interiore e resilienza.

È importante sottolineare quanto la nostra mente e il nostro corpo siano interconnessi e che quando esiste uno stress psicologico o emotivo, il medesimo ha anche un impatto negativo e nocivo sul nostro corpo.

Tutto questo significa che il nostro sistema immunitario si indebolisce a causa del cortisolo (ormone dello stress) e possiamo più facilmente cadere in una depressione situazionale piuttosto che sviluppare mal di schiena o altro.

Ogni esperienza di vita, ogni pensiero o emozione ha un impatto sul nostro corpo.

Alcuni possono non sviluppare una malattia fisica ma sentirsi frustrati quando non vi è alcuna diagnosi negativa al riguardo.

Questo è conosciuto come disordine di sintomatologia psicosomatica. Si verifica quando il nostro corpo esprime ciò che la mente non è in grado di fare a livello razionale quindi, non ne è nemmeno consapevole.

C'è una strategia che possiamo adottare per gestire questo tipo di problema?

La consapevolezza è il primo passo che mi sento di consigliare. Diventare consapevoli di un problema o di una situazione, che cosa significhi in realtà per noi, il motivo per cui la accettiamo e quale messaggio includa.

Voglio dire che c'è sempre una verità in fondo a noi stessi, troviamola, affrontiamola, accettiamo la nostra fragilità prendendo in considerazione soluzioni alternative per uscire da una situazione scomoda o dolorosa.

La comunicazione è il secondo. Essere onesti, cercare di parlarne, migliorare il modo in cui comunichiamo con gli altri, modificando il nostro atteggiamento e osservando cosa ne consegue. Un'erronea comunicazione è uno dei motivi maggiori di incomprensioni e liti. Sostenete i vostri cari valorizzando i loro punti di forza invece che criticandoli, lasciate andare se non è importante, siate empatici. Nella peggiore delle ipotesi usate il silenzio, anche questo comunica in modo esplicativo. Nessuno è perfetto, fate quindi notare il valore, il talento, le potenzialità, invece di svilirle, cercate di capire invece che giudicare, tutto questo farà la differenza.

Infine, se vi doveste rendere conto che nessuna soluzione sia possibile, preparatevi per il vostro cambiamento per tempo, passo dopo passo, in modo da renderlo meno emotivamente pesante.
Datevi una scadenza accettabile.
A volte è solo una mancanza di flessibilità a farci inciampare e cadere.
Ogni volta che gli eventi esterni bypassano la nostra capacità di difesa e perdiamo l'equilibrio, iniziamo a pensare quanto la vita sia ingiusta, difficile o crudele.
È solo il nostro punto di vista occidentale e la nostra percezione della vita.
La verità è che quando non siamo pronti ad affrontare le crisi, non abbiamo sufficiente distacco emotivo e/o spirituale per capirne il significato.
Fondamentalmente abbiamo bisogno di modificare il nostro modo di pensare.

Questa è l'unica possibilità che ci sia data per evolvere, apprendendo qualcosa di nuovo.
Invece di seguire la corrente, cercando una nuova opportunità, ci sentiamo solamente fuori controllo,

lottando contro qualsiasi cosa minacci i nostri punti di riferimento o si opponga alla nostra realtà.

Quello che si ritiene essenziale è soggettivo. La consapevolezza, una volta raggiunta, è ciò che ci rimane contro le correnti della vita. Di fatto, vale la pena cercare di controllare solo ciò che è in nostro potere, nient'altro. Ciò che esula dalla nostra capacità di controllo costituisce sfortunatamente la maggior parte degli eventi complessi o tragici della nostra vita.

In conclusione possiamo dire di lasciare che le cose siano per quello che sono, di lavorare su noi stessi e sulle nostre crisi in modo da uscirne più forti e migliori, maggiormente in grado di gestire noi stessi e la vita.

STRESS

corpo

mal di testa
infezioni frequenti
tensione muscolare/
mal di schiena
stanchezza cronica
irritazione/
eruzione cutanea
ipertensione

mente

incline alle preoccupazioni
insonnia/incubi
pessimismo/negatività
mancanza di autostima
sbalzi d'umore
decisioni affrettate

emozioni ←→ comportamento

irritabilità/
essere più problematico
depressione/ansia
apatia
eccessiva apprensione

incline agli incidenti
perdita di appetito o
di mancanza di libido
bere o fumare in eccesso
inquietudine

MINDFULNESS e STRESS

"Lascia andare, lascia che sia"
Kebat Zinn

Dr. Kabat Zinn afferma che "la pratica della mindfulness, ovvero della consapevolezza attimo dopo attimo, sembra molto semplice, ma è in effetti, la più difficile per gli essere umani perché siamo molto avvinghiati ai nostri pensieri o al nostro modo di pensare".

Quando iniziamo a lavorare sulla consapevolezza è molto importante non forzare le cose.

"Il problema con "l'illuminazione" spiega Dr. Zinn, è il problema con "io", riguardo a chi pensiamo di essere invece che a chi probabilmente siamo, in quanto vi è un'enorme differenza. Chi pensiamo di essere è estremamente limitante riguardo a chi siamo realmente".

In poche parole, se iniziamo a lavorare sull'accettazione, sul non forzare, sulla pazienza, sul lasciare andare ed sul lasciare che sia, lo possiamo fare quotidianamente con il nostro partner, i nostri figli, i colleghi di lavoro. Ciò che rende grande questa filosofia è che possiamo iniziare con un sorriso ogni momento, così da renderlo fresco, nuovo, portandovi tanti desideri ed idee. Ci possiamo permettere, nella maggior parte delle volte, di guardare le cose come se le vedessimo per la prima volta.

Immaginate di guardare i vostri figli attraverso le lenti della riscoperta, il che significa senza il filtro di tutti i nostri pensieri o della nostra esperienza, ma con un'esperienza completamente nuova, la loro.

"A volte, dobbiamo dimenticarci di essere esperti, in quanto nella mente di un esperto c'è veramente poco posto per la novità, per la creatività, mentre nella mente di un principiante c'è moltissimo posto per la freschezza, la scoperta, la novità.

È perciò un tipo di disciplina immedesimarsi nella mente di un principiante e non essere così assolutamente focalizzati nelle nostre opinioni, nel non voler sapere sempre cosa accadrà in base alla nostra esperienza".

Io stessa mi sono accorta di riscoprire spesso il mondo tramite gli occhi di mia figlia quando era piccola. Nei bambini esiste la magia del gioco, della fantasia e creatività, la capacità di farci tornare piccoli per un attimo, senza tante sovrastrutture, percependo la realtà in modo assolutamente nuovo e semplice.

Kabat Zinn delineò i principi fondamentali della sua disciplina dal Buddismo, preparando la via alla consapevolezza e all'illuminazione.

Fu Buddha che 2560 anni fa in India disse "Le cose sono esattamente come dovrebbero essere", insegnando alla gente a **concentrarsi sul qui e ora**, invece di pensare al passato o futuro. Il momento presente è infatti l'unico di cui possiamo disporre, il passato è finito ed il futuro spesso non è mai come lo immaginiamo. Buddha era un principe che un giorno decise di lasciare il suo palazzo dorato per vivere in mezzo alla gente comune, spesso povera, cercando di esplorare nuove modalità esistenziali che non gli appartenevano.

Questi principi fondamentali sono stati semplificati per un atteggiamento mindful occidentale e modernizzato, da inserire in un contesto americano, garantendoci uno stile di vita migliore e più sano, cercando di limitare il più possibile lo stress che è la causa di tanti disturbi fisici.

Questo è uno dei motivi principali per cui questo biologo, con una laurea ad honorem in medicina, creò la **Mindful Stress Clinic a New York finalizzata alla riduzione dello stress**, insegnando alle persone come respirare e pensare in modo completamente nuovo. Infatti, questo è uno dei motivi principali per cui lo stress sia da considerare come la causa di moltissimi problemi di salute o somatizzazioni, con un range che va dalla pressione alta, alla mancanza di sonno che squilibra il ritmo circadiano, insonnia, ansia, stanchezza cronica e mal di testa.

Inoltre, risulta essere anche responsabile di mal di schiena, infiammazione muscolare, facile irritabilità e cattivo umore o sbalzi d'umore repentini.

I principi fondamentali della mindfulness mirano a migliorare il modo in cui pensiamo, di conseguenza viviamo e si basano fondamentalmente su:

porre attenzione ai nostri pensieri presenti, che si sviluppano ora, senza giudicali, limitandoci ad osservarli.

Moltissime volte abbiamo centinaia di pensieri interconnessi come "mi piace questo, non mi piace quello, è buono, è cattivo, chissà cosa voleva dire etc...".
È come un flusso costante giudicante in ogni momento. Di conseguenza, quando parliamo di non giudicare in nostro pensiero, significa che dobbiamo essere consapevoli di come invece lo facciamo costantemente.
Dovremmo cercare di frenare questo flusso di **"non**

giudicare il giudizio che abbiamo su ciò che pensiamo, siamo, facciamo..".

Accettazione significa che, possiamo cercare di accettare le cose per quello che sono, è molto difficile, infatti accettare ad esempio, la sofferenza, il dolore, i dispiaceri.

Lasciar andare ci ricorda di non aggrapparci alle nostre idee o ad un pensiero per sempre. Molto spesso ci fissiamo con un' opinione, mentre lasciar andare ci aiuta a capire che sia possibile non fissarsi e rimuovere opinioni ossessive.
lasciar andare significa lasciare che le cose siano e non essere troppo infervorati da un'idea quando le prove dimostrano magari l'esatto contrario.
Respirare ce lo può ricordare, in quanto ogni volta che inspiriamo, espiriamo. È quindi parte integrante della nostra esistenza ricevere e poi lasciar andare. Questo atteggiamento non richiede di forzare le situazioni, ma di non farci coinvolgere dalle cose o idee a cui ci aggrappiamo e che non possiamo avere.

La fiducia è un sentimento bellissimo da esercitare, partendo da noi stessi, dal nostro corpo, rendendoci conto che diamo troppe cose per scontate. Confidiamo che il nostro corpo funzioni senza concentrarci su una parte specifica dello stesso...così respiriamo senza pensarci, il nostro cuore batte senza che vi poniamo attenzione etc.

Nello stesso modo possiamo fidarci che la vita faccia il suo corso, forse è più difficile con le persone in quanto non vogliamo essere troppo ingenui, ma possiamo fidarci della nostra esperienza, del nostro intuito e capacità di valutazione per distinguere chi sia più affidabile e possa meritare la nostra fiducia.

La pazienza è molto importante. Molte volte diventiamo impazienti nel voler vivere il momento successivo, nel voler sapere cosa ci riservi il futuro, creando aspettative e caricandole di ansia. A volte non ne vale la pena ed il risultato è solo quello di perdere il momento presente.

La pazienza è una sorta di riconoscimento che che cose si dispieghino ed avvengano al momento giusto. Non è necessario affrettarle, così come un seme piantato nella terra ha bisogno di tempo per crescere e diventare una pianta.

Noi invece corriamo sempre per essere in un altro posto, non rendendoci nemmeno conto di dove ci troviamo ora. La saggezza legata alla pazienza è un qualcosa di profondamente rigenerante. Per essere maggiormente esplicativa userei una metafora, quella di un bambino che cerca di liberare una farfalla dalla sua crisalide prima del tempo. Certe cose non possono essere affrettate , si dispiegano quando è il loro momento.

Se osservate la natura, c'è un momento per la semina ed uno per il raccolto ed è importante osservarne i tempi. A volte desideriamo qualcosa ma non siamo pronti a riceverlo perchè sarebbe il momento sbagliato e rischieremmo di perderlo o di rovinare tutto.

Non lottare significa non cercare di essere in qualsiasi altro posto, permettendo di mantenerci consapevoli senza fare accadere nulla. Questo atteggiamento è molto terapeutico e rigenerante in quanto siamo sempre proiettati verso il futuro, evitando di forzare le situazioni abbiamo invece modo di osservarle meglio senza farci coinvolgere o travolgere.

Non è facile da mettere in pratica, dobbiamo solo renderci conto che ciò di cui abbiamo bisogno è abbastanza per ora, anche se non piacevole, ma è un atteggiamento di accettazione del qui ed ora. Non dobbiamo cercare di fuggire, o di sistemarlo e questa è una tremenda disciplina di vita. Il significato non è quello di non fare le cose ma che qualsiasi cosa tu stia facendo, va bene per te ora, se la stai facendo vivila profondamente.

La gratitudine significa essere grati per qualsiasi cosa abbiamo, non dare nulla per scontato, nemmeno il fatto di respirare o che il nostro organismo funzioni come dovrebbe.

In conclusione, possiamo dire che la mindfulness ci possa dare una grande lezione nell'imparare a vivere meglio giorno come giorno. Non dobbiamo guardarci indietro, pensando a quando vivevamo al massimo. Possiamo averne tratto una lezione di vita senza rimpianti o rimorsi o rimuginazioni.
Possiamo dire le stesse cose del nostro futuro che è di fatto imprevedibile, così da non avere aspettative o cercare di affrettare gli eventi, per poter vivere il nostro presente con maggior consapevolezza, in modo più mindful.

I principi fondamentali
della Mindfulness:

imparare a respirare profandamente
ed in modo corretto

consapevolezza del qui ed ora

prestare attenzione ai pensieri attuali

lascia che sia,
lascia andare, non lottare

non giudicare

accettazione

fiducia

gratitudine

SAFE PLACE

"...un passo importante da effettuare in un contesto terapeutico è la ricerca di un luogo sicuro cioè l'esperienza della sicurezza interiore..."

Bertrand Piccard

È importante lavorare in ipnosi o autoipnosi partendo da quello che viene definito **safe place** (luogo sicuro), prima di intraprendere i 10 gradini per scendere in trance.

Si tratta di un luogo rassicurante di comfort in cui ci possiamo rifugiare ogni volta che ne abbiamo bisogno.

Il primo passo implica una respirazione profonda, svuotando la nostra mente da ogni pensiero e concentrarci su ogni parte del nostro corpo per poterci rilassare, visualizzando una luce bianca carica di energie e positività, che si diffonde in ogni organo, dalla testa per arrivare alla punta dei piedi, mentre ci porta pace, serenità ed una sensazione di profondo benessere.

Subito dopo chiediamo al paziente di ricordare un momento di profonda e vera sensazione di felicità che ha provato immerso nella natura da solo. Alcuni preferiscono la montagna, altri il mare o la campagna. Il recuperare e rivivere il ricordo di un luogo naturale per noi unico è un'esperienza magica che possiamo rivivere utilizzando i nostri sensi e le nostre percezioni.

Immagina di trovarti sdraiato in un luogo dove sei stato veramente, sei completamente solo mentre ti godi un senso profondo di pace che ti fa sentire assolutamente al sicuro.

Ora, adagiando il palmo della mano sulla superficie, puoi sentire cosa si trova sotto di te, sabbia oppure acqua, erba o neve, la percepisci come reale, come se

tu fossi veramente lì. Poi, inizia a respirare tranquillamente l'aria di quel luogo, che sia brezza marina, aria di montagna, profumo di erba tagliata e aprendo gli occhi puoi vedere il cielo.

È il momento del giorno che preferisci e la tua stagione preferita, nel tuo safe place.

Ognuno di noi ha un canale percettivo privilegiato, visivo, olfattivo uditivo, che ci guida nel recuperare un ricordo.

Il sentimento di sicurezza interiore che ne deriva può essere sia un'impressione fisica oppure da un ricordo rassicurante di un'esperienza piacevole quale una melodia, una sensazione di pace, oppure un profumo legato ad un luogo particolare.

Il nostro safe place può essere anche paragonato ad una porta aperta su di una percezione cristallina di totale felicità e benessere per mostrarci quale potrebbe essere la vera qualità della nostra vita se potessimo viverla totalmente così.

In qualsiasi momento un terapeuta si trovi in difficoltà nel gestire una situazione, è molto facile per lui riequilibrarla e far recuperare pace e tranquillità al paziente riportandolo nel medesimo safe place di cui ha fatto l'esperienza.

Ciò che sentiamo o riviviamo come un momento di magico benessere, di perfetta gioia di cui abbiamo fatto esperienza, necessita di essere ripetuto più volte, per collegarlo inconsciamente ad un gesto o un movimento definito come **"ancoraggio"**, permettendo al paziente di recuperarlo ogni volta ne abbia bisogno.

Ie. Safe place.

PSICODINAMICA MENTALE
SILVA MIND METHOD

"Au bout de l'inconnu pour y trouver du nouveau"
Les Fleurs du mal, Charles Baudelaire

A livello introduttivo, per avere una maggiore comprensione di come qualsiasi tipo di meditazione profonda operi, dallo yoga, all'ipnosi, fino alla mindfulness,possiamo dire che la nostra mente, in quello stato, produce onde elettromagnetiche di tipo Alpha le stesse che produce quando stiamo per addormentarci.
Siamo perciò ancora abbastanza svegli ma abbandoniamo il nostro flusso razionale di pensieri e smettiamo di controllarli in modo da abbandonare lo stress e raggiungere il nostro io più vero e profondo.

La ghiandola pineale o epifisi,che fa parte del sistema endocrino, è quella ghiandola responsabile questo rilassamento profondo.
Le sue cellule producono melatonina, regolando il ritmo circadiano ovvero, il ritmo sonno/veglia, giorno/ notte, che può essere disturbato dal jet lag per esempio. Quando l'equilibrio viene ripristinato dopo un viaggio, dormiamo bene nuovamente, ci sentiamo in buona salute e pieni di energie.

La medesima ghiandola era chiamata dagli Egizi **"terzo occhio"**, *si colloca fisicamente tra gli occhi, sulla fronte ed era considerata come un modo ulteriore per raggiungere una profonda intuizione e percezione. Effettivamente, secondo loro, una volta attivata, prometteva la possibilità di vedere cose invisibili agli altri due occhi, percependo frequenze di un mondo spirituale extra sensoriale.*
Aiuta anche a sviluppare l'intuizione, soprattutto durante i sogni di notte, momento in cui la ghiandola è maggiormente attiva.

Si dice anche che produca la **DMT** (dimetiltriptamina, che è una triptamina presente in molte piante e nel fluido cerebrospinale degli esseri umani) *durante la fase REM, una sostanza psichedelica che può avere degli effetti molto particolari sulle nostre percezioni quali la dilatazione del tempo e dello spazio.*

Venne invece considerata come la sede dell'anima da **Descartes**, filosofo francese del diciassettesimo secolo. Secondo lui infatti, proprio questo luogo si occupava della centralità di tutte le nostre informazioni ed era anche il fulcro dei nostri pensieri.

Questa breve premessa ha lo scopo di chiarire come Silva Mind Method o qualsiasi altro metodo di autoipnosi possa funzionare naturalmente, traendo linfa dalle nostre risorse naturali.

Psicodinamica mentale o Silva Mind Method, prende il nome da Josè Silva che la ideò negli anni 40' negli Stati Uniti, come metodo di meditazione guidata. Iniziò ad utilizzarla intorno agli anni 60' per aiutare le persone a calmare la mente rapidamente. Molti managers stressati sono ricorsi al metodo Silva anche per recuperare rapidamente le energie in periodi faticosi, trattandosi di un sistema di auto-aiuto, rapido ed efficace.

La respirazione è l'elemento chiave di questa tecnica di rilassamento, in quanto il respiro è l'elemento che collega il nostro io interiore al mondo esterno. A livello psicologico una respirazione guidata e profonda è un potente ansiolitico naturale di cui possiamo disporre in ogni momento.

A livello pratico, viene chiesto al paziente di sdraiarsi in un luogo comodo, concentrandosi sul terzo occhio ed iniziando a respirare profondamente. l'inspirazione si associa alla visualizzazione di una luce bianca che si diffonde a partire dalla nostra mente fino alla punta dei piedi. Infatti, mentre si inspira ed espira si visualizza una luce che dal capo si diffonde lungo tutto il corpo, irradiandosi in ogni sua parte , per rilassarlo completamente. Si tratta di una *healing light*, ovvero di una luce terapeutica, che apporta benessere e guarigione in ogni singola cellula. Quando si inspira, si ispira luce, benessere e serenità, lasciando che si espanda e scorra ovunque, dalla testa ai piedi, procedendo con la visualizzazione guidata di ogni organo fino al completo rilassamento del corpo e svuotamento della mente da ogni pensiero.

L'espirazione viene visualizzata come fumo grigio che elimina pensieri negativi e paure.

Partendo dalla vostra mente, immaginate questa luce bianca di guarigione e pace che si diffonde ovunque, svuotandovi da ogni pensiero o preoccupazione, alleggerendovi sempre più di seguito osservatela scendere lungo la gola, portando salute e benessere in ogni sua parte. La luce scorre poi lungo le spalle e la schiena, rilasciando ogno tensione e decontratturando ogni blocco muscolare.

Il corpo inizia a rilassarsi sempre più e a stare sempre meglio, mentre lasciamo scorrere la luce fino alle dita dei piedi.

Successivamente, mentre siamo attraversati da questo flusso luminoso, ci sentiamo avvolgere esternamente dal medesimo, come se fosse un bozzolo protettivo esterno, immergendoci in un senso di pace, equilibrio e benessere.

In questa fase si possono anche utilizzare i colori, associati a differenti elementi naturali o emozioni per procedere in uno stato più profondo. Il terapeuta, potrebbe anche suggerire di visualizzare il colore rosso o qualcosa di rosso, lasciando all'immaginazione del singolo l'associazione più consona, come un mazzo di rose, un campo di papaveri, ecc.. e chiedendogli al tempo stesso di associare quel colore, ad esempio, al rilassamento del corpo.

Il verde, o qualcosa di verde, rappresenta la serenità interiore, il blu o qualcosa di blu viene identificato con un senso di amore universale ed accettazione personale e così via...

Il tempo per svolgere questo processo è modulato sulle necessità individuali del paziente.
È importante osservarlo per capire quanto sia rilassato. Quando l'espressione del suo volto si modifica, i muscoli si decontraggono e sopraggiunge la serenità, il respiro si fa più regolare, possiamo quindi procedere con un livello di rilassamento più profondo, facendogli vivere il suo safe place, unitamente a sensazioni di pace, serenità, profondo benessere.

Solo in seguito procediamo lungo una scala immaginaria, sono i 10 gradini dell'ipnosi, chiedendo al paziente di scendere più profondamente dentro se stesso ad ogni gradino, fino ad arrivare alla porta del suo laboratorio.

È importante spiegargli che il laboratorio mentale è un posto esclusivamente suo e non condivisibile in cui: può ricaricare le batterie sotto una doccia di luce bianca rigenerante, mentre si trova comodamente sdraiato su una poltrona, di fronte ad uno schermo bianco cinematografico.

Può visualizzare se stesso su questo schermo, lavorando su ciò di cui ha maggiormente bisogno, autostima, performances, estroversione, ottimismo, energia, relazioni, migliorando i suoi punti deboli senza alcun coinvolgimento emotivo, essendo lo spettatore esterno di se stesso.

La distanza emotiva è fondamentale per aiutarlo a capire meglio come percepisce se stesso ma anche come vorrebbe essere idealmente. Spesso una mancanza di autostima emerge in questo contesto profondo.

Un esempio pratico si riferisce ad una mia paziente, Susan, (nome di fantasia), estremamente attraente con il costante timore di non saper decidere o di non essere all'altezza di situazioni sentimentali e personali quindi spesso a disagio con gli altri. La percezione che ebbe di se stessa per la prima volta, fu di una donna bruttissima, quasi deforme.

Parlandone con lei in seguito mi raccontò di non volersi mai guardare allo specchio. Lavorando in ipnosi sul trauma pregresso che l'aveva fatta percepire in questo modo, in un paio di sedute ottenni eccellenti risultati, ora Susan è una persona assertiva, decisa e consapevole della sua bellezza. Ha cambiato completamente look, abbigliamento e soprattutto i colori che indossa.

In caso ci venga chiesto di modificare uno specifico tratto del carattere, che sia la timidezza, l'ottimismo, l'assertività, lavorare sullo schermo rinforza le immagini positive, aiutando il paziente ad ottenere eccellenti risultati, duraturi nel tempo.

Spesso registro anche le sedute in cui non effettuo la rimozione di traumi, permettendo al paziente di riascoltarle a casa, rinforzando il lavoro svolto in studio. La ripetizione della visualizzazione di se stessi sullo schermo viene effettuata più volte per fissarla ed ancorarla.

Una volta finito, chiediamo al paziente di fare sua quell'immagine, come se fosse vera, la fissiamo ed ancoriamo nella sua mente. In seguito chiedendogli di alzarsi e spegnere la luce del laboratorio mentale, lo guidiamo verso una lento ritorno alla realtà, facendogli percorrere i dieci gradini a ritroso, respirando profondamente.

Nel momento in cui pronunciamo "dieci" può prendersi del tempo prima di riaprire gli occhi, per sentirsi subito dopo pieno di energie e di felicità, sorridente e sereno. La nostra mente crede vero tutto ciò che induciamo in ipnosi, e di conseguenza lo mette in atto nella vita reale.

Il risultato è straordinario in quanto le persone si sentono rinnovate e profondamente rilassante dopo una seduta, inoltre acquisiscono la consapevolezza della causa dei loro problemi ed hanno gli strumenti per poter cambiare, sanno di aver già intrapreso il cammino del cambiamento.

Questa pratica è molto facile e rapida e può diventare una sorta di autoipnosi per poterci sentire meglio in certi momenti.

Così come alleniamo il nostro corpo in palestra o praticando uno sport, possiamo allenare la nostra mente nel nostro laboratorio mentale.

Lo scopo è quello di raggiungere uno stato di benessere, in cui i filtri e le difese razionali diminuiscano, permettendoci di lasciare andare ogni tensione e rendendoci in grado di riprogrammare noi stessi più velocemente. Spesso siamo più intuitivi e creativi, troviamo la soluzione ad un problema, ne minimizziamo altri, lasciamo affiorare nuove idee e riusciamo a percepire la realtà circostante come migliore , ad avere un sano ottimismo ed una buona autostima. Il pensiero è l'elemento che plasmiamo in base alle nostre esigenze. Nessuno può perdere il controllo o essere indotto a fare qualcosa contro la propria volontà, anzi, ci troviamo in uno stato di leggera trance in cui siamo assolutamente consapevoli di noi stessi, del nostro io più profondo e vero, delle nostre reali potenzialità, modellandole in base alle nostre reali necessità.

RIASSUMENDO
Silva Mind Method è utilizzato:

- Per creare il nostro rifugio personale in cui ci possiamo rilassare.
- Per ricaricare le pile quando ci troviamo sotto pressione o fisicamente stanchi.
- Per recuperare carenze di sonno da jet lag.
- Per incrementare o sviluppare l'intuizione, il sesto senso, la creatività e la visualizzazione positiva.
- Per lavorare con successo sulla propria autostima, ottimismo, o capacità di parlare in pubblico.
- Per avere una profonda conoscenza dei nostri bisogni e di noi stessi.
- Per ottenere performances migliori in qualsiasi settore, professionali o collegate allo sport.
- Per migliorare la qualità dei nostri rapporti interpersonali.
- Per sviluppare strategie di problem solving.
- Secondo la legge di attrazione, per trarre qualcosa di cui abbiamo bisogno nella nostra vita dando forma ad un'energia positiva immaginaria.
- Il nostro laboratorio mentale è un luogo magico in cui il pensiero positivo precede e crea la realtà, ad esempio simulando un colloquio di lavoro o un incontro importante o un meeting piuttosto che un esame da sostenere.

IPNOSI ERICKSONIANA
MILTON ERICKSON (1901-1980)

"Whatever the human mind can conceive,
it can achieve"
Napoleon Hill

Erickson é considerato il padre dell'ipnosi contemporanea, detta infatti " ipnosi Ericksoniana". Credeva fermamente nella forza del pensiero e nella motivazione e grazie ad esse riuscì a superare momenti molto difficili, soprattutto di salute, a prefiggersi degli obiettivi professionali raggiungendoli, oltre a vincere molte sfide personali.

Psichiatra statunitense, affetto da una forma di poliomelite giovanile che lo paralizzò, con un'aspettativa di vita decennale, riuscì a superare i propri limiti fisici tramite la forza del pensiero, a praticare sport, a laurearsi in medicina e a specializzarsi in psichiatria. Si sposò, ebbe quattro figli e molti nipoti e morì infine nel 1980, a 79 anni, dopo una vita coronata da successi professionali e personali.

La paralisi lo colpì nel 1919, a soli 17 anni, evento drammatico che lo condusse a sviluppare da solo un sistema di concentrazione mentale profonda che, partendo da un movimento minimo, ripetuto più volte, lo aiutò a recuperare le forze necessarie per sviluppare sempre di più la massa muscolare, rinforzandola. Era solito praticare semplici esercizi fisici davanti allo specchio per cercare di diminuire il dislivello delle spalle.

> **Lo specchio**, unitamente all'auto osservazione allo specchio, diventerà nel tempo, uno strumento efficace per imparare a lavorare su se stessi e a migliorare l'immagine di sè. Osservarsi, capire come ci si vede e come ci si vorrebbe vedere, diventerà con la programmazione neuro linguistica un cardine della terapia sia vigile, sia ipnotica.

Attraverso l'auto osservazione, cercando di capire come ci percepiamo effettivamente, nonostante il nostro aspetto e le opinioni altrui, riusciamo a individuare come vorremmo essere effettivamente. Lavorare su queste percezioni diventa un punto cardine della ipnoterapia PNL.

Avete mai notato come ci siano delle persone attraenti che passino quasi inosservate per mancanza di autostima, timidezza, sicurezza interiore, mentre altre, magari anche poco attraenti riescano a piacere molto, ad avere carisma e fascino?

Per citare un esempio, ho avuto la prova dell'auto-percezione allo specchio praticando ipnosi ad una paziente, una modella.

L'autostima può aumentare o essere distrutta nella nostra vita da ciò che ci succede, nello specifico, da un evento traumatico, fino a far percepire noi stessi come non attraenti.

L'infelicità si tinge di nero nel nostro inconscio, dato che il nero è associato ad esperienze negative e traumatiche, mentre il bianco dovrebbe essere l'opposto. In questo caso il bianco era stato completamente escluso dalla vita di questa giovane donna.
Lo specchio veniva rimosso in quanto non riproduceva l'immagine fedele della persona, ma una distorsione della medesima. Lavorare sull'immagine allo specchio e sul bianco fu inizialmente difficile ma portò in poche sedute ad un cambiamento radicale ed estremamente positivo.

La mancanza di autostima, spesso distrutta dal partner o da un familiare, non è solo causa di tristezza, o depressione, ma può anche comportare una somatizzazione della medesima a livello fisico, che si può facilmente percepire nello stato di trance.
Ne consegue che, la causa ed il motivo del malessere fisico localizzato in una parte del corpo, diventa immediatamente chiara al paziente stesso in ipnosi, avendo modo di visualizzarla di persona e di diventare consapevole della situazione per quello che è.

Spesso chi ha seri problemi fisici o psicologici non riesce a guardarsi allo specchio in quanto la sua immagine risulta distorta ai suoi occhi.

Possiamo utilizzare questo strumento in modo diametralmente opposto cercando di correggere la percezione che abbiamo di noi stessi come se fosse attraverso le lenti correttive di un paio di occhiali. Tutto ciò implica un duro allenamento ma apporta ottimi e duraturi risultati. Milton fu indubbiamente una persona estremamente creativa nell'immaginare nuovi metodi di induzione ipnotica. La sua genialità si rivelò in forme diverse fra loro, come ipnotista, psicoterapeuta, maestro e persona nel riuscire a trasformare un'invalidità fisica in un vantaggio, sviluppando un metodo terapeutico sistematico, utilizzabile ed utilizzato in diverse patologie sia per curare, sia per stabilizzare miglioramenti anche minimi, permettendo a diversi pazienti di non essere ospedalizzati.

Fondatore e primo presidente della Società Americana di Ipnosi Clinica, iniziò la pubblicazione dell'American journal of Clinical Hypnosis" di cui ne fu il direttore.
Prima di Erickson l'ipnoterapia non era uno strumento terapeutico primario, ma a Milton dobbiamo il merito di aver iniziato una nuova pratica ipnotera-

peutica e di averci completamente creduto. Si distaccò da Freud radicalmente e dal modo in cui operava e concepiva la trance ipnotica, per usare un approccio più pragmatico, in cui l'operatore non imponeva più delle suggestioni ad un paziente che giaceva passivo su un lettino, ma al contrario, estrinsecava ed utilizzava le risorse interne alla persona. Con l'ipnosi Ericksoniana, il paziente è infatti guidato a cooperare. Le persone entrano in terapia in quanto hanno difficoltà a realizzare da sole le mete che si sono prefissate e compito del terapeuta é persuadere i pazienti a seguire i propri desideri il più possibile e ad essere un aiuto fidato e supporto efficace nel superamento delle difficoltà, facilitando l'accesso alle potenzialità di autoguarigione insite in ogni individuo. Nell'ipnosi Ericksoniana non si fa grande distinzione tra ipnosi e psicoterapia perché interagiscono in una forma di apprendimento inconscio ed autoguarigione.

La filosofia sottostante è che tutti possiedono già le risorse necessarie per effettuare il cambiamento. Invece di concentrarsi su ciò che é sbagliato, Milton si esercitava a cogliere segnali minimi positivi che rispecchiavano i punti di forza del paziente.

Sapeva che era più facile promuovere il cambiamento basandosi su ciò che i pazienti sanno fare bene, piuttosto che analizzando i loro errori.

Spesso comunicava per analogia e presentava le idee in modo da essere al di fuori della situazione, quindi:

essere al di fuori di una situazione è l'essenza del metodo indiretto.

Gli aneddoti, le battute brevi, le metafore e le analogie vivacizzavano la terapia stessa rendendo le idee indimenticabili e guidando le associazioni preconsce. Infatti, se i problemi sorgono a livello associativo, è a quel livello che devono essere cambiati e gli aneddoti si possono usare per riassociare differentemente la vita interna del paziente. A volte, pur cambiando le circostanze, le persone possono non cambiare effettivamente i loro fondamentali atteggiamenti o comportamenti, quindi, secondo Erickson, era importante modificare il proprio atteggiamento, per esempio nei rapporti di coppia, sostituendo la critica con ciò che il patner aveva fatto di positivo e rinforzando e consolidando ciò che aveva fatto di buono, presentando questo aspetto come prioritario.

"Quando guardi un giardino puoi guardare i fiori oppure le erbacce" fu una sua metafora per suggerire una prospettiva positiva".

Faceva ampiamente uso di metafore anche durante la

terapia ipnotica, che di fatto si rivelavano strumenti efficaci per prendere le distanze a livello emotivo dal problema, visualizzando una soluzione senza doverla esplicitamente menzionare. Ad esempio, chiedere ad una persona di immaginare di lasciare andare dei palloncini colorati tenuti in mano, legati ad un filo, osservandoli mentre si allontanano, fino a scomparire, accompagnati da un senso di sollievo, è molto più efficace che chiedere di lasciare andare le proprie preoccupazioni.

Nel primo caso il paziente avrebbe una percezione di leggerezza, nel secondo, non si avrebbe alcun risultato evidente.

IPNOSI PNL
BANDLER E GRINDLER

"Le vostre convinzioni sono in grado di intrappolarvi o rendervi liberi. Ciò di cui siete convinti determinerà ciò che decidete di fare"
Richard Bandler

La PNL viene fondata negli anni 70' in California da Richard Bandler, psicologo e councelor e John Grinder, linguista. Si tratta di una connessione tra i processi neurologici (neuro), linguistici (linguistica) e gli schemi comportamentali appresi con l'esperienza (programmazione), al fine di raggiungere specifici obiettivi nella vita. Stiamo parlando di un sistema di comunicazione verbale e non, che include anche il body language e l'ipnosi.

Bandler iniziò a studiare il comportamento ed il modo di pensare di persone famose che raggiunsero il successo grazie alla capacità di credere in se stesse e nei propri sogni, visualizzandoli come se fossero già stati realizzati.

Da questo studio emerse il **modellamento**, ovvero la capacità di riproporre schemi mentali e atteggiamenti ritenuti positivi e vincenti, ripetendoli e rinforzandoli.

Il sostrato del body language è un insieme di posture rispecchianti un atteggiamento mentale di apertura o chiusura, di interesse o distacco che il nostro inconscio decodifica prima ancora che una persona esprima la propria opinione.

Ciò significa che il nostro inconscio è in grado di identificare un atteggiamento ed anche di individuare, percepire o decodificare una sensazione o predisposizione.

Molti corsi di comunicazione implicano lo studio della pnl in strategie di vendita e marketing.

Opinioni e convinzioni sono costituite da sensazioni e dalle immagini che creiamo mentre parliamo, oltre che dalle cose che diciamo a noi stessi. Essere ottimisti o pessimisti non dipende solo da ciò che ci succede ma soprattutto da come lo viviamo, percepiamo e filtriamo con i nostri sensi, oppure come reagiamo ad esso.

Le nostre convinzioni sono in grado di intrappolarci o renderci liberi. Ciò di cui siamo convinti, determina ciò che decidiamo di fare. I pensieri determinano le nostre convinzioni quindi le azioni determinano i risultati che otteniamo, andando così a rinforzare le opinioni.

Qualsiasi cosa vogliamo ottenere, sarà più facile da raggiungere se la crediamo possibile e raggiungibile. Inoltre possiamo affermare che così come la nostra mente abbia un'influenza sul nostro corpo e sul nostro inconscio, viceversa i nostri atteggiamenti hanno un'influenza sulle nostra mente.

Avete mai notato come le persone danno la mano?

Le persone sicure di se stesse mantengono una postura eretta e camminano in modo deciso, hanno una stretta di mano sicura e guardano negli occhi.

Al contrario, le persone con bassa autostima si notano da un modo di camminare lento e con le spalle ricurve (a meno che non abbiano un problema fisico), una debole stretta di mano che tende a sfilarsi velocemente.

Correggendo la postura, da ricurva ad eretta, potete fare una migliore prima impressione, oppure potete dimostrare di avere una buona opinione di voi stessi anche dal modo in cui vi muovete o parlate.

Le parole che utilizziamo sono significative in qualsiasi tipo di comunicazione. Essere positivi, ottimisti e motivati è sicuramente d'aiuto per far funzionare una buona comunicazione ed un buon rapporto.

Cercare di incoraggiare le persone valorizzandole e sostenendole le rende maggiormente soddisfatte e desiderose di dare il meglio di sé.

Al contrario, criticare, svalutare o vittimizzare qualcuno, distrugge la sua autostima e nel tempo la vostra relazione affettiva o d'amicizia.

> *Bandler concepisce la mente umana come un computer, immette dati e li rielabora, quindi si può programmare o meglio riprogrammare come un computer.*

Riesce a procedere in questo modo tramite l'uso del linguaggio e delle immagini.

> *Provate a pensare a quante fantasie o ricordi siano costituiti da immagini con in sottofondo dei suoni, profumi, il linguaggio, il tono della voce e quindi delle percezioni. Il linguaggio è perciò lo strumento, che nelle mani di un terapeuta, può indurre o modificare le convinzioni che abbiamo su noi stessi o sugli altri.*

Per quanto riguarda il **linguaggio**, dato che la nostra mente funziona al meglio con il **tempo presente**, ci riferiamo necessariamente al **qui e ora, le negazioni vengono sostituite con affermazioni**, altrimenti rischiano di non venire registrate in modo funzionale. Per esempio, invece di dire "non devi mangiare così tanto!". Affermazione negativa, che può produrre l'effetto diametralmente opposto, possiamo dire: "ti piace essere in forma e quindi ti attieni ai pasti e ti nutri in modo sano".

In fondo abbiamo espresso lo stesso concetto ma in modo differente ed utilizzando un linguaggio differente, molto più gradito alla persona a cui ci rivolgiamo, anche se quella persona siamo proprio noi e ci riferiamo al nostro monologo interiore.

È il modo in cui rappresentiamo internamente il mondo che determina come ci sentiamo e cosa facciamo, una volta che siamo consapevoli di come costruiamo i nostri pensieri, siamo in grado di modificarli.

Bandler in "**Magia in azione**" affronta in modo differente l'idea del cambiamento, al fine di curare le fobie, modificare il modo di pensare, aiutare chi desidera cambiare, partendo dal modificare le loro opinioni.

"Se migliorate i vostri processi cognitivi e li controllate, quando comprendete che potete innescare e disinnescare le fobie, che potete ingrandire o rimpicciolire le immagini, che potete letteralmente prendere una evento dal vostro passato, distanziarlo fino a sdrammatizzarlo, privandolo di ogni carica emotiva negativa, allora potete pensare a cose che prima non avreste mai potuto immaginare di essere in grado di fare".

> *Secondo lui, così come in un attimo si crea una fobia, un vissuto negativo, con la stessa rapidità lo possiamo disinnescare.*

L'idea é che fobie, traumi o attacchi di panico siano anche associati a delle immagini relative al loro vissuto, rendendoli in questo modo più drammatici o semplicemente richiamando alla mente associazioni accidentali involontarie.

In un certo senso recuperiamo e associamo sensazioni, immagini, suoni, ricordi, sentimenti, creando una situazione drammatica, in un momento apparentemente imprevedibile della nostra vita, come se un qualcosa si stesse svolgendo proprio in quel momento, paralizzando la nostra mente e a volte anche il nostro corpo.

Il fatto di per se stesso può essersi svolto molto tempo prima, o addirittura mai, ma viene vissuto come reale ed attuale dalle nostre connessioni inconsce emotive.

> *C'è una tecnica molto semplice ed estremamente efficace inventata da Bandler, che si chiama **image streaming**, in cui si procede con la dissociazione delle immagini dai sentimenti, dalle emozioni e dai suoni, risolvendo rapidamente il problema.*

Viene anche chiamata **tecnica cinematografica** in ipnosi, dato che ci serviamo dello schermo cinematografico per utilizzarla.
La tecnica utilizzata è relativamente semplice ma geniale.

Il paziente viene lentamente indotto in uno stato di profondo rilassamento sia fisico che mentale e, dopo aver fatto l'esperienza del suo safe place, gli viene chiesto di visualizzare un enorme schermo bianco cinematografico e di osservare le immagini proiettate. L'immagine traumatica e negativa viene fatta scurire, rimpicciolire rapidamente,senza indugiare in alcun modo sui dettagli ed infine sfumare e zoomare fino a farla diventare un punto nero. Si chiede poi di metterla in una mano, chiuderla e lasciala andare per sempre. Questo processo richiede da parte del terapeuta rapidità e capacità immaginativa nell' ideare ogni volta una soluzione ottimale e creativa al fine di ottenere un cambiamento originale ed efficace. L'attenzione del paziente viene riportata nuovamente e velocemente sullo schermo cinematografico, ma questa volta bianco.

Gli viene chiesto di visualizzare un'altra immagine,in sostituzione alla prima, questa volta positiva, tratta dal suo vissuto, se possibile. L'immagine viene fatta ingrandire, schiarire sempre di più, fissandola, ovvero ancorandola, con l'uso di un linguaggio percettivo positivo.

Questo secondo passaggio implica invece un soffermarsi nel visualizzare dettagli positivi, un riproporre lo stesso vissuto, lentamente, per cinque volte per meglio memorizzarlo, procedendo in seguito ad un lento ritorno alla realtà, un gradino dopo l'altro, da 10 a 1.

Una volta aperti gli occhi, il paziente si sentirà bene, positivo, a volte persino euforico, rendendosi conto che qualcosa è stato allontanato e cambiato per sempre. Qualcuno può anche sperimentare una sensazione strana ed elettrizzante che accompagna il cambiamento, come se le immagini mentali fossero state sostituite, da negative in positive.

Una situazione simile mi capitò con una paziente straniera, psicologa, che mi contattò chiedendomi di rimuoverle un trauma, nello specifico uno stupro, avvenuto quando era ancora minorenne, che aveva profondamente condizionato la sua esistenza fino a farla quasi cadere in depressione.

In una sola seduta molto lunga riuscii ad allontanarlo completamente a livello emotivo, tanto che lei stessa ne fu assolutamente stupita e felice. Mi riferì che, pur cercando di recuperare volontariamente la parte emotiva associata al fatto, non ci riuscì.

La sensazione positiva continua a permeare la persona a livello emotivo, mentre quella negativa risulta stemperata nella sua carica di vissuto traumatico.

In questo modo si possono curare e risolvere non solo le fobie ma anche gli attacchi di panico, sempre che il paziente non li sposti poi in altre situazioni. Principalmente è importante capire la causa scatenante e, se possibile, lavorare anche su quella risolvendola.

La tecnica cinematografica è molto efficace anche in situazioni di bassa autostima, di problemi relazionali, di ansia anticipatoria relativa ad un colloquio importante piuttosto che ad un esame etc.

Una peculiarità di Richard Bandler consiste nello

sdrammatizzare situazioni o vissuti con l'uso dell'ironia o del ridicolo. Qualsiasi cosa ci faccia ridere alleggerisce automaticamente la situazione.

Ne risulta quindi una seconda tecnica cinematografica, quella del film muto, in cui la pellicola scorre rapidamente avanti ed indietro, stemperando immediatamente la situazione proiettata.

L' IPNOSI REGRESSIVA

"... la felicità viene dall'interiorità, non dipende
da altre persone. Voi diventate particolarmente
vulnerabili e potete essere facilmente feriti
quando la vostra sensazione di felicità
e di sicurezza dipende dal comportamento
e dalle azioni altrui.
Non date mai il vostro potere a qualcun altro."
Brian Weiss

Brian Weiss, psichiatra e scrittore statunitense vivente, è noto per le sue teorie relative alla reincarnazione, al karma e alla sopravvivenza dell'anima, al meglio espresse in alcuni suoi libri diventati best sellers: **"Molte vite un solo amore"**, **" Molte vite, molti maestri"** tra i più noti.

Weiss iniziò a sperimentare l'ipnosi regressiva nel 1980, durante una seduta ipnotica con una sua paziente, Catherine, che soffrendo di attacchi di panico e rifiutandosi di assumere medicinali, gli chiese una soluzione alternativa. In quel frangente avvenne un fatto particolare, in quanto la paziente non si limitò solo a regredire raccontando eventi relativi alla sua infanzia, ma iniziò a fornire dettagli, legati ad altri momenti storici, in seguito, ravvisati come reali con molteplici riscontri documentali, da parte del medico. Catherine guarì, ma la cosa che lo colpì di più, fu che il trauma iniziale risaliva ad un'altra vita e non a quella attuale.

Di fatto si ricordò di essere morta annegata in seguito all'affondamento della nave su cui si trovava e, durante un'altra sessione, riferì di essere morta a causa di un infarto mentre correva lungo un molo per salire a bordo di una nave mercantile che stava per salpare.

Subito dopo aver recuperato questi eventi, la sensazione legata al senso di soffocamento ed agli attacchi di panico non avvenne più, come se il trauma, rimasto intrappolato nella memoria della sua anima, fosse completamente superato e lei guarita.

In seguito a questa esperienza iniziò a credere alla sopravvivenza di elementi della personalità umana dopo la morte. Le regressioni a vite precedenti sono oltre 4.000 ad oggi, con grandi benefici terapeutici nella completa risoluzione di fobie e traumi le cui radici affondano in passati lontani. Inoltre, le sue regressioni terapeutiche hanno avuto riscontri oggettivi in almeno 1.400 casi.

Prima di lui, un altro taumaturgo americano, Edgar Cayce (1877-1945), noto come il profeta dormiente, era solito scendere in uno stato catartico di auto-ipnosi, di cui si avvaleva per formulare diagnosi in supporto a casi medici complessi. In moltissime situazioni la soluzione da lui fornita risultò risalire a traumi avvenuti in vite pregresse.

Weiss inoltre trovò riscontro a fatti personali accaduti nella sua famiglia, durante lo svolgimento di sedute ipnotiche fatte a dei pazienti. Con il procedere e l'affinarsi della sua esperienza, ravvisò la presenza di suggerimenti da parte di guide spirituali che in seguito definì come "I Maestri Ascesi".

In un'occasione ci fu infatti un suo paziente che riferì di aver saputo durante lo stato di trance, della perdita del figlio da parte del medico, quando aveva solo 23 giorni. Con dovizia di dettagli spiegò che il bimbo era nato con una grave malformazione cardiaca tanto da dover subire un intervento a cuore aperto, al quale però non sopravvisse.

Nessuno era al corrente del fatto, tranne gli stretti familiari e tantomeno di dettagli relativi alla patologia del piccolo.

Questa parte più squisitamente spirituale, aprì uno scenario che si delineò nel tempo come una vera e propria spiegazione relativa ad un'altra dimensione di assoluta pace ed amore da cui proveniamo e a cui ritorniamo. Il vivere su questa terra non è altro che un momento di passaggio e di apprendimento o di miglioramento di noi stessi. Il tempo non esiste, siamo esseri spirituali immortali che hanno una missione da portare a termine ed un apprendimento da raggiungere.

Richard Bach credeva in qualcosa di simile quando affermava: "...scendiamo su questa terra per imparare ripetutamente l'amore".
Stralci di vite precedenti possono affiorare anche in un contesto onirico, afferma Weiss, o in dejà vu, in cui abbiamo la sensazione di essere già stati in un posto o di aver già conosciuto qualcuno, quando in realtà non è così.
È come se qualcosa riemergesse a sprazzi da una dimensione che è stata completamente cancellata prima di rinascere.

Le anime gemelle, le persone che hanno già vissuto insieme in altre vite, si riconoscono immediatamente in quelli che chiamiamo "colpi di fulmine", o in quei blocchi ed impasse relazionali da cui sembra impossibile liberarsi e da cui rimaniamo stregati.
Sembra un romanzesco puzzle poetico, costituito da centinaia e migliaia di pezzi in cui tutto trova una sua collocazione ed un suo significato.

La tecnica usata da Brian per effettuare una regressione inizia con il respiro, un respiro profondo accompagnato da una luce che visualizziamo e che, via via, scende lungo tutto il corpo, partendo dalla testa e svuotandola da ogni pensiero, rilassando ogni singolo organo e muscolo, sciogliendo ogni tensione fino ad arrivare ai piedi. Si tratta di una "healing light", ovvero di una luce bianca terapeutica, che cura e guarisce.

In questo stato di completo e totale rilassamento ed abbandono, siamo condotti a vivere e sperimentare il nostro safe place.

Solo in seguito abbandonandoci alla sua voce, calma e serena, ci viene chiesto di scendere lentamente 10 gradini per ricordare un evento particolare della nostra infanzia, andando quindi a ritroso nel tempo, visualizzandolo nei dettagli, osservando il luogo circostante e chi fosse con noi in quel momento.

È sorprendente come la nostra mente possa riportarci ad episodi apparentemente dimenticati, con dovizia di dettagli, profumi, suoni, colori, percezioni sensoriali e ricordi. La voce pacata ci rammenta che in qualsiasi momenti di disagio, possiamo lasciare la scena, vederla come spettatori esterni oppure aprire gli occhi. Questo tipo di regressione è utile anche per ricostruire momenti del nostro passato che non riusciamo a recuperare.

Una volta mi chiamò una persona che non riusciva a ricordare cosa le fosse successo da piccola, un episodio segnato ripetutamente dall'immagine una porta chiusa che dietro celava qualcosa di inquietante. La sognava spesso di notte, non riusciva a dare un senso a quei frammenti, pur essendo certa che le fosse capitato qualcosa.

Durante la nostra prima seduta mi disegnò la pianta della sua casa d'infanzia, c'erano diverse stanze e quella in questione era della madre. Voleva sapere di più, decisa a dare un senso a fatti frammentari ed inspiegabili. Scendemmo insieme, esplorammo la casa, le chiesi di aprire ogni porta chiusa ad una ad una, ma fu solo quando entrò in camera sua che si sentì sconvolta. La stanza era vuota, ma venne colta da un senso d'angoscia. La feci risalire lentamente e la riequilibrai nel suo safe place.

Una caratteristica della terapia ipnotica è, che una volta avviato il processo, la guarigione spesso segue da sola. Il paziente prende delle decisioni che lo possono aiutare a stare bene, oppure può sognare degli eventi che sono ancora in sospeso nella memoria, quindi sono stati rimossi.

Così avvenne con questa persona, mi chiamò un paio di volte raccontandomi momenti significativi della sua attività onirica. Il puzzle fu completo quando emersero attenzioni particolari da parte di un famigliare insospettabile ai tempi, che frequentava assiduamente casa sua, ma che lei tendeva ad evitare. Quei fatti la condussero ad un'escalation di attacchi di panico da adolescente e ad una terapia farmacologica psichiatrica che avrebbe potuto evitare affidandosi ad un bravo ipnotista.

Ora sta bene, ha dato un senso al suo passato rimettendo a posto i tasselli mancanti e smettendo di incolpare la madre.

A volte nei suoi sogni ora, vi è la porta di un armadio che lei chiude a chiave, quello della sua memoria, metaforicamente parlando.

Tornando a Brian Weiss, ogni volta che un paziente desidera regredire ulteriormente, sperimentando vite pregresse, gli viene chiesto di scendere altri 10 gradini, trovandosi in una sorta di giardino spirituale rigoglioso, pieno di piante esotiche, fontane e corsi d'acqua mentre, camminando lungo un sentiero da solo, si trova di fronte alla porta del tempo.

L'ho sempre immaginata, più che come una porta, un portone molto antico, intagliato con simboli particolarmente significativi, mentre Weiss la descrive molto più semplicemente come molto vecchia, pesante e spessa. Seguendo la voce del terapeuta che ci guida, iniziamo ad aprirla lentamente e, così facendo, siamo sopraffatti da una luce bianca particolarmente evanescente e spirituale. La porta si richiude alle nostre spalle mentre abbiamo la percezione di noi stessi come i protagonisti di un episodio che si è svolto in tempi e momenti storici differenti da quello presente.

Può capitare, se particolarmente predisposti, di avvertire un senso di sdoppiamento fisico atemporale. Mentre ci troviamo in quella dimensione siamo improvvisamente consapevoli della nostra fisicità, ad esempio di un bustino troppo stretto, oppure osservando le persone accanto a noi, anche se fisicamente differenti, più vecchie o più giovani nell'aspetto, guardandole negli occhi, ci rendiamo conto di interagire nel presente con persone che ci sono state care in altre vite. Lo sguardo è l'unica prerogativa incondizionata a rimanere identica.

Una volta entrati in una dimensione passata, Weiss ci raccomanda di osservare molto attentamente cosa o chi ci circondi ma, prioritariamente noi stessi. Partendo dalle scarpe, se siamo a piedi nudi, se indossiamo dei sandali, oppure che tipo di calzature per identificare il luogo ed il periodo storico.

I dettagli sono indizi fondamentali per capire se ci sia un nesso di qualsiasi tipo tra quell'esistenza e l'attuale, se ci sia qualche simbolo o messaggio ricorrente.

Prima di iniziare la seduta, è importante comunicare se vogliamo vedere com'è finita la nostra esistenza in quella vita. È fondamentale osservare quegli eventi come spettatori esterni per non subire alcun condizionamento emotivo, ma piuttosto trarne una lezione spirituale dai nostri Maestri Ascesi, o guide di Luce, sul significato insito a tutto ciò a cui abbiamo assistito.

Per "spettatori esterni" intendo dire di abbandonare il nostro corpo immediatamente, visualizzando gli episodi dall'alto.
Nelle regressioni non si vede mai la sequenza degli eventi come in un film ma semplicemente dei flash da collegare e a cui dare un significato globale come in un vissuto onirico.

In realtà possiamo identificare frammenti di vite pregresse anche in sogni ricorrenti. Quest'esperienza mi capitò a diciassette anni, quando feci un sogno identico, che si ripropose con dovizia di dettagli ed emozioni per tre notti consecutive in un'epoca storica diversa. Di fatto mi svegliai nel cuore della notte spaventata ed incapace di dargli un senso.

Una ragazza usciva in camicia da notte dal portone principale di una dimora antica, montando un cavallo nel buio della notte, diretta verso un luogo a lei noto, sapendo chi avrebbe incontrato e perchè. Nel sogno era consapevole di tutto, era a conoscenza di fatti per me inconcepibili. Improvvisamente scoppiò un temporale, il cavallo si imbizzarì, disarcionandola. Poi il vuoto ed il risveglio improvviso.

Fu solo grazie a quel sogno che venni a conoscenza di una serie di notizie riguardanti l' origine della mia famiglia che, altrimenti, non avrei mai potuto sapere. Mio nonno vedendomi schizzare quel palazzo antico mi chiese dove l'avessi visto.
Quando gli raccontai quel sogno mi disse che quella era la casa della sua famiglia. Che quella ragazza era veramente esistita molto prima della sua nascita, ed era morta una notte di tempesta disarcionata dal suo cavallo, cadendo. Morì picchiando la testa contro una pietra. In seguito a quella spiegazione non feci mai più quel sogno. Forse qualcuno voleva che io lo sapessi per arrivare a mia volta a raccontarlo.

Ora sono in possesso di documenti storici che mi dicono molto su di lei, sulla mia famiglia e riguardo all'anello antico che porto all'indice, già stato mio in quella vita.

Nelle regressive potete scegliere di vedere più di un'esistenza. Nel momento in cui decidete di voler interrompere una seduta per qualsiasi motivo, basta un cenno precedentemente convenuto con il terapeuta, per cui vi riconduce lentamente alla realtà, ripercorrendo a ritroso i dieci gradini da dieci ad uno, salendo le scale, chiedendovi infine di aprire gli occhi quando vi sentite di farlo. È interessante rielaborare insieme quanto visto per dare un senso ed un significato, a volte legato al presente.

Supponiamo per un attimo di avere un'anima e che la medesima abbia una memoria recuperabile. Essendo in trance possiamo bypassare le difese di una censura razionale e a volte inconscia, permettendoci di viaggiare in tempi diversi, attraversando ricordi diversi legati ad esperienze particolari che il nostro inconscio seleziona.

Non pensate quindi di guardare vite pregresse come se si trattasse di un film, ovvero con una consequenzialità di episodi, ma solo alcuni, molto dettagliati ed a volte un pò sbiaditi, che dobbiamo riordinare una volta tornati alla realtà, pur mantenendone il ricordo vivido.

Alcuni potrebbero essere scettici, dato che la nostra mente inconscia può comunicare con noi utilizzando metafore ed immagini, filtrate o camuffate per renderle accettabili.

Onestamente, all'inizio, mentre studiavo o sperimentavo su me stessa, facendo delle regressioni ero molto coinvolta dal lato avventuroso e fantastico, soprassedendo al resto, mentre in seguito alcuni episodi mi hanno persuasa ed indotta a crederci.

Sguardi e sensazioni, persone incontrate in quest'esistenza e ritrovate in altre, in situazioni simili, che definisco karmiche e che venivano riproposte con le stesse modalità per mettermi alla prova.

Alcune andavano troncate, altre vissute con modalità più costruttive e consapevoli.

Ho assistito di fatto a guarigioni di di disturbi inspiegabili a livello medico, in pazienti assolutamente sani, in quanto il trauma o il problema andava risolto ad un altro livello.

Uscendo dal trance un paziente mi raccontò i dettagli di un'esperienza vissuta in regressione che apportò benefici fisici immediati.

Definirei la terapia regressiva come assolutamente sicura per chi sia sano e non faccia assolutamente uso di farmaci, alcolici o sostanze stupefacenti.

Si tratta di vivere un'esperienza che ci riguarda direttamente, da un punto di vista completamente diverso. Mi piace paragonala alle immersioni: lo stesso silenzio assoluto e la scoperta avventurosa, mentre si è nella profondità degli abissi, di un tesoro nascosto, dentro di noi, mentre la superficie dell'acqua viene sfiorata appena dai raggi del sole.

DIFFERENZE tra PSICOTERAPIA ed IPNOSI

Come premessa posso affermare che entrambi, psicoterapia ed ipnosi, possono essere utilizzate congiuntamente.

La psicoterapia, a mio avviso, è maggiormente utile come approccio iniziale, per lasciar parlare il paziente mentre riferisce i suoi problemi, procedendo in seguito con l'ipnoterapia, che fornisce risposte e soluzioni molto più rapide.

Alcuni pazienti percepiscono un semplice disagio che non riescono a spiegare, altri hanno sintomi o somatizzazioni che da sole indicano il problema e di conseguenza il modo in cui procedere. Ci sono persone che mentono anche a se stesse. Abbiamo già trattato di come la percezione sia soggettiva, di conseguenza, un paziente può avere un'opinione distorta riguardo se stesso, gli altri, oppure rapporti interpersonali che si ripropongono nella sua esistenza seguendo lo stesso pattern, le stesse modalità. La psicoterapia è maggiormente adatta per chi vuole avere sempre il controllo, queste persone amano definirsi razionali, logiche o dotate di una mente scientifica.

Hanno bisogno di parlare, raccontare, dare sfogo ai loro sentimenti, ben sapendo che di fronte a loro si trova uno schermo neutro, apparentemente senza opinione. Finita la seduta, lasciano lo studio a volte in lacrime, altre sollevati, senza rendersi conto di aver attinto semplicemente alle proprie capacità terapeutiche naturali.

Questo tipo di procedura funziona con la punta dell'iceberg, ovvero la nostra razionalità , mettendoci quindi anni per poter rielaborare problemi ed emozioni, giungendo finalmente ad una conclusione, dato che questo processo di rielaborazione e di portare in superficie il rimosso, è molto lungo e complesso a causa dei molti filtri che abbiamo.

L'ipnosi procede in modo completamente differente. Dopo un'ora, o anche meno, di spiegazione, per permettere al terapeuta di identificare il problema, si procede con una leggera ipnosi rilassante per vedere come il paziente reagisce, se si lascia andare e dopo quanto tempo.
Il problema viene identificato prima, gli viene spiegata la tecnica più idonea per risolverlo e viene concordato un obiettivo.
L'ipnosi, fondata sulla fiducia, lavora sul nostro lato oscuro, curando e portando sollievo e benessere sen-

za lacrime o sofferenza alcuna. Il paziente coopera con il terapeuta, seguendo le sue induzioni, bypassando la ragione e gli ostacoli, muovendosi in profondità, diventando lui stesso consapevole del suo problema e delle sue origini, là dove si è creato, negli strati più profondi della suo essere.

Un bravo e qualificato ipnotista può risolvere i problemi in un paio di sedute, avvalendosi di tecniche specifiche e mirate al problema stesso. Si tratta quindi di una terapia molto efficace e breve, in grado di portare rapidamente ad uno stato di benessere duraturo.

Alcuni richiedono la terapia ipnotica per ottenere dei risultati migliori a livello professionale, sportivo o personale, per poter sfruttare al massimo le loro potenzialità o per migliorare aspetti del proprio carattere.

Sull'onda delle regressive di Brian Weiss, altri vogliono semplicemente sperimentare, riemergendo dalle profondità della loro anima elettrizzati.

Cautelativamente, è importante che un ipnotista indaghi sulle patologie pregresse dei suoi pazienti, nel caso ce ne siano, sull'uso di farmaci e quali, se il paziente si sia rivolto prima ad un medico nel caso sia affetto da patologie gravi o ne abbia sofferto.

A volte ci sono persone che si rivolgono ad un ipnotista per sospendere antidepressivi scomodi, in quanto inibitori della libido, mentendo.

È importante quindi cercare di capire la reale situazione e, in alcuni casi, richiedere di tornare dal medico o dalla psichiatra che in prima istanza ha prescritto quei farmaci per un'eventuale sospensione dei medesimi.

A livello legale l'ipnotista o ipnoterapeuta è una figura professionale indipendente.

In Italia la legge numero 4 del 14 gennaio 2013, definisce l'ipnoterapeuta un libero professionista intellettuale, integrando la direttiva del parlamento europeo e del consiglio Com 119, che può utilizzare la trance con uso esclusivo volto al miglioramento personale, energetico e relativo alle potenzialità umane del paziente.

A livello legale la sua professionalità e competenza è stata inizialmente riconosciuta negli Stati Uniti d'America nel 1979 e dall'11 gennaio 2004 l'American Medical Association stabilì che anche un ipnotista senza qualifiche medico psicologiche, poteva operare nel sistema sanitario come in Inghilterra.

L'11 febbraio 2004 venne approvata la direttiva Europea COM 119, riguardante il reciproco riconoscimento di titoli e qualifiche professionali tra i paesi facenti parte della comunità Europea.

Anche in Inghilterra ed in Francia gli ipnoterapeuti sono riconosciuti come figure professionali indipendenti da un ambito medico o psicologico e quindi abilitati alla terapia ipnotica. In molti paesi viene persino garantito un risarcimento assicurativo a chi beneficia di tali terapie.

Secondo la legge n.4 del 14 gennaio 2013 in Italia, l'ipnotista o ipnoterapeuta esercita una professione come esperto libero professionista, che può utilizzare la trance finalizzata al miglioramento personale e psicofisico del paziente, accrescendone le potenzialità ed il benessere , integrando così la legislazione del Parlamento Europeo ed il COM 119.

CONCLUSIONE

Viviamo in una società in cui, come antidoto allo stress, pullulano centri benessere, si diffonde lo Yoga, la Mindfulness, il Rebirth e la psicodinamica mentale per calmare la mente e rilassare la muscolatura ed il corpo.

Non dimentichiamoci che dietro alcune pratiche di questo tipo risiede una saggia ricerca di consapevolezza e di equilibrio, in filosofie di vita molto antiche, fondate sull'idea di trascendenza.

Anche l'ipnosi trascende la quotidianità, la vita caotica per aiutarci a riacquistare serenità, ad entrare in contatto con il nostro vero io, con la nostra essenza, potenziando le nostre capacità intrinseche di auto-aiuto. Di fatto, sviluppiamo un metodo di autoguarigione, anche se indotto da una persona esterna, mentre siamo guidati in un viaggio interiore.

Le paure e le fobie scompaiono in poche sedute, si risolvono attacchi di panico in tempi molto brevi, si supera l'insonnia, quando non di origine ormonale, ma legata a stati di tensione, si impara a gestire lo stress, a visualizzare positivamente situazioni difficili da affrontare, risolvendo l'ansia anticipatoria o trovando soluzioni inaspettate, anche a livello relazionale.

L'ipnosi, o auto-ipnosi, praticata regolarmente, può diventare una vero e proprio metodo di meditazione rasserenante. Quando iniziamo a lavorare su noi stessi, riusciamo ad incrementare anche l'autostima, impariamo a volerci bene, a migliorare il rapporto con gli altri o a risolverlo quando tossico.
Il bicchiere da mezzo vuoto, diventa mezzo pieno e quindi il pessimismo può trasformarsi in ottimismo.

Invece di essere vittima delle situazioni, individuando i nostri punti di forza e credendo in noi stessi, impariamo a credere nei nostri sogni e diventiamo artefici del nostro destino. Mi accorgo spesso che ricorre una frase quando ascolto le persone raccontarsi: "non ce la farò mai", oppure " è impossibile"...
Nulla è impossibile, osserva come da ogni inizio nasca qualcosa o si trasformi. La storia è piena di persone che hanno osato ed hanno raggiunto i loro obiettivi, un passo alla volta, banalmente credendo che fosse vero, che il futuro fosse il presente, che il loro sogno si fosse già avverato, fosse già qui e ora, e così è stato in realtà.

Se cambi il modo in cui pensi, in cui ti vedi, in cui visualizzi e percepisci la realtà, la puoi cambiare , perchè prima hai cambiato te stesso...

Einstein affermava:
"Follia è fare sempre la stessa cosa ed aspettarsi risultati diversi".
Cambia il tuo approccio mentale alle situazioni e ti accorgerai come tutto intorno a te cambia.

"Whatever the human mind can conceive it can achieve"
Napoleon Hill

BIBLIOGRAFIA

Psichiatria psicodinamica
quinta edizione basata sul DSM-5
Glen O. Gabbard
Cortina Editore

Psichiatria psicoterapia neuroscienze
Le dipendenze patologiche
Cinica e psicopatologia
V. Carretti, Daniele La Barbera
Raffaele Cortina Editore

Ossessioni, fobie e paranoia
S. Freud
Deuticke Publisher

Interpretazione dei sogni
S. Freud
Deuticke Publisher

Psicopatologia della vita quotidiana
S. Freud
Amazon

Totem e tabù
S. Freud
Ed. Feltrinelli

Phobias, fears and anxieties
S. Freud
Transaction Publisher

Elimina lo stress e ritrova la pace interiore
Brian Weiss
Ed. my Life

Molte vite un solo amore
Brian Weiss
Ibs.it

Many lives, many Masters
Brian Weiss
Simon and Shuster Publisher (New York)

Erickson
Jeffrey k. Zeig
ed. Astrolabio

Change
Paul Watzlawick, John Weakland e Richard Fisch
ed. Astrolabio

Magia in azione
Richard Bandler
ed. Astrolabio

Creare modelli con la PNL
Robert Dilts
Ed. Astrolabio

Il potere della mente
James Borg
Ed. Tecniche nuove

Il linguaggio del corpo
James Borg
Ed Tecniche nuove

Cambiare quota
Bertrand Piccard
Amazon

So quel che fai
il cervello che agisce e i neuroni specchio
Giacomo Rizzolati, Corrado Sinigaglia
scienza e idee

Professional Psychotherapy course
K.E.Wells
The key Training Academy Ltd. (California)
accredited by CTTA

The Ultimate Stress and Mindfulness Course
K.E. Wells
The key Training Academy Ltd. (California)
Accredited by CTAA

Past lives Regression Therapy,
Advanced Hypnotherapy techniques
the key Training Academy ltd. (California)
accredited by CTTA

Mindfulness and everyday life
Christie Dunkley, Maggie Stanton
Giunti Publisher

The Language and the Mind
Noam Chomsky
Feltrinelli Publisher

INDICE

Printed in Great Britain
by Amazon

66271797R00071